品牌势能

数字时代品牌升级的九大法则

陈历清 ◎ 著

企业管理出版社
ENTERPRISE MANAGEMENT PUBLISHING HOUSE

图书在版编目（CIP）数据

品牌势能：数字时代品牌升级的九大法则/陈历清著.
—北京：企业管理出版社，2018.8
　ISBN 978-7-5164-1756-0

Ⅰ.①品… Ⅱ.①陈… Ⅲ.①品牌营销
Ⅳ.①F713.3

中国版本图书馆CIP数据核字（2018）第164477号

书　　　名：	品牌势能：数字时代品牌升级的九大法则
作　　　者：	陈历清
责任编辑：	张　羿
书　　　号：	ISBN 978-7-5164-1756-0
出版发行：	企业管理出版社
地　　　址：	北京市海淀区紫竹院南路17号　邮编：100048
网　　　址：	http://www.emph.cn
电　　　话：	总编室（010）68701719　发行部（010）68701816　编辑部（010）68701891
电子信箱：	80147@sina.com
印　　　刷：	北京宝昌彩色印刷有限公司
经　　　销：	新华书店
规　　　格：	170毫米×240毫米　16开本　14.5印张　220千字
版　　　次：	2018年8月第1版　2018年8月第1次印刷
定　　　价：	58.00元

版权所有　翻印必究·印装错误　负责调换

前言

用势能升级品牌

过去几年，中国市场经济领域正在推进三件大事。一是供给侧改革，要提高有效供给，提高供给结构对需求变化的适应性和灵活性，也就是要淘汰不适应需求变化的落后供给；二是品牌强国，要符合国家经济整体实力发展的需要，改变"大制造、弱品牌"的国际地位；三是推进中国制造2025，从制造大国走向制造强国。

过去几年，中国消费领域正在发生着深刻的变化。"85后"人群已经成为消费的主角，"无可选择"的供需结构已经演变为"无从选择"，"温饱消费"模式被"中产消费"模式所取代，互联网构筑起的以"人"为中心的产业模式正在颠覆传统消费逻辑。

这是一次革命性的消费升级浪潮。整个社会从基本的生理需求和安全需求走向社会需求、尊重需求和自我实现的需求。消费者不再满足于一个产品形体、功能的价值，而是需要附着在产品上的精神内涵、情感诉求和艺术气息，需要能够宣示消费者的生活方式和追求。

中国市场的基本矛盾已经演变为不断升级的消费需求和不充分、不平衡的品牌供给之间的矛盾。构建在中国庞大消费基数上的"数量思维""低价思维""大众思维"正在被"品质思维""品牌思维""个性思维"所取代，这就需要我们深入地进行品牌差异化的塑造、品牌溢价力的培养、优质产品力的提升。

毋庸置疑，在短短的30年间，我们的品牌建设取得了长足的进步。然而由于我们主要依靠外延扩展式发展，没有建立起"内生性创新"驱动机制，品牌内涵与产品价值创造仍然缺乏持续的发展能力。彰显品位的高端品牌一直还是"洋品牌"的天下。爱马仕把爱、艺术和奉献精神植入品牌之中，信仰工匠精神，坚守手工作坊为人们提供快乐，成为精英人士追逐的梦想；苹果公司以其卓越的产品技术和精致的产品设计，对消费者充满诱惑力，每一次新品发布都引起全球骚动；星巴克不仅销售咖啡，更是为白领阶层构筑起一个社交与休闲的场地，无论何时何地，店面总是人满为患……

而从另一个视角来看，我们无数曾经的老字号吸引力越来越弱，无数曾经的大品牌正在被年轻人抛弃，无数依靠概念行走风口的"超级大佬"一蹶不振，许多拥有高品质的产品却卖不出价值，许多精心打造的店面却无人问津。

这个差距的实质，就是品牌价值不足。品牌已不再只是解决消费者吃穿住行用方面的基本问题，而是在诠释消费者的自信与自尊。好的品牌会具有魔力，就像高水平的演讲家、充满魅力的明星，让人产生信任感和依赖感。

魅力的提升需要营造势能，没有势能的品牌注定没落

势能是一个物理概念，可以将其视为动能的一种储存形式。势能可以转化为动能。简单来说就是，物体储备的势能越高，能够转化为动能的能量就越大。

势能原理同样适用于品牌。一家企业只有把自身的品牌形象拉高，品牌气势做足，才能抓住高价值客户和意见领袖的心，才能在市场和消费者的认知中释放出强大的动能，从而实现预期的市场业绩，占据一定的市场份额，在竞争

惨烈的市场中胜出。

相应的，如果企业品牌的势能不足，就吸引不了有价值的消费者，就无法打动消费者的内心，就实现不了物有所值或是物超所值的交易。品牌势能，就是基于消费市场，围绕品牌的塑造，并在品牌体验中让人感受到的品牌能量。这种能量，会与消费者发生心灵上的共振，会在消费者心智中享有优越的存在感，会对消费者产生强大的影响力，会对整个市场的竞争具有全局的掌控力，从而凝聚出让消费者无法抵挡的品牌魅力。

任何一个品牌的势能，都是在特定的市场空间中得以体现，并在消费者五官感知中形成认同。

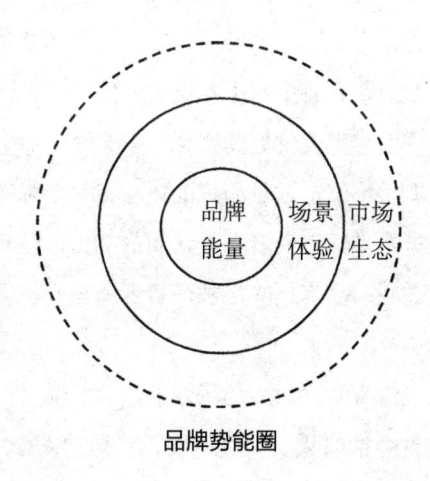

品牌势能圈

如上图所示，品牌势能的核心是品牌能量，也是一种品牌气质。能量足则品牌强，能量弱则品牌衰。品牌的能量通过各种受众接触点的场景体验让消费者得到感知，没有相适应的场景，品牌能量就无法传递和体现，适合的场景会提升和增强能量，不适合的场景会降低和减弱能量。无论是场景体验还是品牌自身能量，都需要与市场生态环境和谐共处，违背市场生态规律就不可能聚合高强度的品牌能量。

应对消费升级的本质就是提升品牌的势能

提出"品牌势能的系统体系"对于今天的品牌建设具有重要意义,能让我们更直观地理解品牌升级的目的和走向。在这个消费碎片化的时代,市场生态的基本特征已经成为一个一个的圈层,而品牌体验则是为对应的消费圈层设置的"展台",品牌能量则是圈层人群的"自我表达"。

1. 价值为本。

"势聚则兴,势散则衰"。当品牌的目标指向所有人群而不是目标人群时,当品牌的资源去传递各种优势而不是核心价值时,当品牌的发展不断多元化而不是专业的精耕细作时,当品牌的策略是在基本功能上竞争而缺乏附加价值的塑造时,品牌就难以在消费者心中打下专业、一致、稳固的烙印。一个有生命力的产品必将是功能价值与审美价值的融合,一个有生命力的品牌必将是生活方式的引领者和创造者。价值永远是品牌的核心,一个强势的品牌必须具有让人爱不释手的产品,具有带给消费者身份认同的能力,仅仅依靠追逐风口、塑造概念、玩"圈钱"游戏的品牌也必将被消费者所遗弃。

2. 场景为势。

再好的品牌,如果没有与之对应的场景的陪衬,品牌的溢价能力就无法显现,品牌的整体价值就会被弱化。同属酒店,7天、汉庭、万豪,从楼房到接待,从大堂到客房,每一个地方都呈现着价值的差异。终端店面、人员交流、推广活动、媒介传播、物料呈现、办公形象,品牌与消费者所有的接触点共同构成了强大的品牌场景,如果消费者进入这个场景,他就会被高看一等,他就会吸引众人的目光,他就显得更加合群,就能够满足他的寻求认同和借以炫耀的需要,这样的品牌才具有溢价的无形力量。

3. 生态为根。

用情感和精神黏结用户的品牌远比用产品利益黏结用户的品牌更强大;符合消费生态变化、积极创新改变的品牌对用户的黏性远比一成不变、形象老化的品牌更大。哈根达斯卖的不是冰淇淋而是"爱",不仅具有更高的溢价能力,也拥有很高的用户黏性;三只松鼠抓住互联网的商业机遇,围绕年轻时尚的互联网购物群，打造出了互联网零食第一品牌，三只卖萌的松鼠黏住了大量少男少女。当年轻的消费者们不再有兴趣步入一个全空调环境的购物中心，不再想在百货中心游荡，坐几层扶梯穿过各种分门别类的商品区只为寻找一件心仪的牛仔裤的时候，大量的传统商场、超市和购物中心因缺乏对年轻人的场景塑造能力而逐渐衰弱。

这告诉我们，在消费生态体系升级的大背景下，品牌升级的核心就是要提升和强化品牌的势能，通过品牌内涵的提升赋予品牌更高的能量，通过资源的聚焦和精准定位聚合品牌的人气，通过场景的营造和体验感染用户，通过意见领袖的整合和传播强化吸引，通过艺术与美感的设计让魅力更大，通过精神与情感的注入让黏性更强。

2010年，我在《征服消费者》一书中以工具为载体，从品牌价值、品牌关系和品牌竞争前景的角度，深入探讨了在买方市场中企业如何打造品牌的基本逻辑和方法。8年来，我们品牌的生态系统发生了剧变，人群的结构特征和购买能力今非昔比，互联网对品牌生态的影响超乎想象，共享经济正在诱发新一轮经营模式的重构。更重要的是，国家势能的强大带来中国国际地位的大幅提升，形成了我们对世界日益增长的吸引力和影响力。

国家的强大需要品牌的支撑，品牌强国就需要有大批具有强大势能的品牌诞生，这是经济发展潮流使然，更是消费升级的必需。

本书凝聚了我20年的品牌观察心得，融合了数百场次品牌培训与交流的成果，呈现出大量的品牌工具和案例，围绕品牌管理的系统工程，深入透析新商业环境下"品牌势能"塑造的四大创新路径。

| 创造能量的
核心能力 | 聚而不散的
运行规则 | 场景营造的
人心凝聚 | 共享生态的
基本逻辑 |

品牌势能四大创新路径

这是数字化技术与互联网技术推动下的品牌升级之路。围绕四个方面的创新路径，深入探究品牌"能量、场景、生态"的协调与平衡发展，并分化裂变为品牌势能构建的九大思维法则，也可以说是九大实现手段。这是品牌势能体系的第一次完美构建，也是品牌势能体系的全面落地和具体操作技法，从而为品牌塑造和经营者提供全新的品牌思维角度和管理运营逻辑。

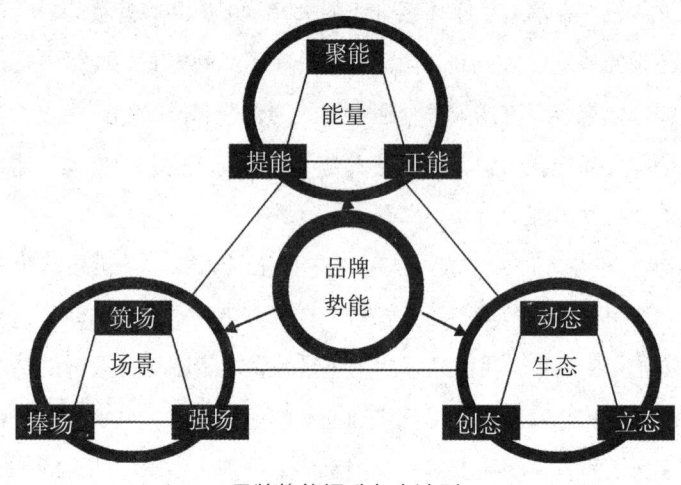

品牌势能提升九大法则

换一个角度看问题，往往会有好事发生；站在更高的高度，就能俯视脚下的平原。万物皆有气，气由心主宰，心念是气的动力之源。推动品牌升级，也就是一念心识的去向，一念心识的把握。这就是本书的价值，希望读者能从中寻找并坚定一种信念：让品牌自身成为一种力量，成为一个磁场。也让广大品牌爱好者和经营者真正感受到消费升级后品牌变革的希望，共同构筑中国品牌走向世界的宏大势能。

陈历清

2018 年 4 月

PINPAI
SHINENG

目录

PART1
品牌生态大变局

第一章　变局中的消费生态
增量到存量的市场变局 // 3
"85前"到"85后"的人口变局 // 9
小康到中产的需求变局 // 14
"追物"到"追人"的行为变局 // 20
"更迭"与"升级"的产业变局 // 24

第二章　盛世下的品牌迷茫
风口飞起的概念潮 // 34
财大气粗的品牌梦 // 37
盲目跟风的电商泪 // 42
供给过剩下的海淘风 // 47
粉丝营销的起与落 // 49

第三章　品牌升级的苦与悲

抄袭成风，创新乏力 // 56

低价有理，竞争无利 // 58

吹牛受捧，全民发疯 // 59

用品牌升级破局"熵增" // 61

PART2

构筑品牌内在之"能"

第四章　品牌升级法则一：聚能——焦点的力量

精准客群，构建圈层品牌 // 66

聚焦品类，专一才能专业 // 69

整合资源，围绕价值传播 // 73

个性鲜明，形象凝聚人心 // 76

第五章　品牌升级法则二：提能——艺术的思维

当幸福来临时，我们缺乏了体验幸福的素质 // 81

真正的好产品，都是艺术品 // 82

做有生命的品牌 // 85

品牌艺术，用设计运营生活方式 // 88

第六章　品牌升级法则三：正能——价值的回归

"质"是中产阶层的标签 // 97

"正能"品牌的价值呈现 // 100

从暴饮暴食走向价值经营 // 105

异军崛起的"工匠"品牌 // 111

PART3

强大品牌展示之"场"

第七章 品牌升级法则四：筑场——社交的理念
人人都需要认同与炫耀 // 119
自媒体时代，一切消费都是社交 // 122
端午节的粽子与情人节的玫瑰 // 125
解决品牌场景与社交需求的矛盾 // 126

第八章 品牌升级法则五：捧场——体验的思维
造境，触发顾客的痛点 // 137
入境，让顾客身临其境 // 139
化境，产生关联的记忆 // 143
品牌新思想：先场景，后品牌 // 147

第九章 品牌升级法则六：强场——黑洞的势能
做领导品牌，第一就是话语权 // 153
傍大品牌，大树底下好乘凉 // 156
战强势品牌，英雄莫问出处 // 159
讲品牌故事，才气就是影响力 // 161
塑造神秘感，让距离产生美 // 165

PART4

共生数字时代之"态"

第十章 品牌升级法则七：动态——数字的魅力
"裸奔"的消费信息 // 170
网络一切的数字大网 // 173
一切品牌行为都由算法驱动 // 177

第十一章 品牌升级法则八：创态——重构的逻辑
重构产品价值 // 184
重构营销逻辑 // 187
重构竞争系统 // 193
重构组织体系 // 197

第十二章 品牌升级法则九：立态——标签的意义
找到消费生态的入口 // 202
建立独一无二的心智标签 // 205
成为和谐生态的品牌推手 // 212

PART1

品牌生态大变局

这些年，我们在消费升级的动力中阔步前行。

人工智能从梦境中的画面走近了每个人的身边，所有人开始担忧自己的工作是否会被取代，自己的智商是否会被超越；新零售犹如飓风登陆，横扫零售界，让我们看到了互联网革命的真正魅力，自己不改变，就将被整合；微信群中火爆刷屏的18岁照片，向我们宣告，"00后"新一代即将登上社会的舞台；大数据正式进入消费领域，共享模式持续发酵，资源整合催生新物种持续新生。

这是一个消费生态系统的连锁反应，消费生态系统的任何变化又直接影响到品牌生态系统，品牌格局就会被重新改写。

消费者喜欢网上购物时，催生出大量互联网品牌，同时对传统线下品牌形成挑战；消费者喜欢移动购物和移动支付时，非智能手机品牌慢慢失去市场；消费者饮食结构走向健康时，方便面品牌处境艰难；消费者走向品质、个性、专业化购物时，精品店、便利店高速扩张；住宿需求越来越趋向综合体验价值时，主题性经济连锁酒店成为主流。

品牌的发展史就是一部生态的进化史。1859年，达尔文发表《物种起源》，第一次系统阐述了自然与社会的生存与发展规则，清晰地阐述了适者生存的道理：物竞天择，适者生存，优胜劣汰。其中蕴含了三层意思：

- 整个物种处于一个生态圈中，健康的生态圈依靠万物的相互协同和竞争。
- 在生存竞争中，只能留下最优秀、最适合生态圈的物种。
- 最有生存能力和持久性的物种，一定是最有利于周围生态圈的物种。

大树得到阳光，藤类植物得到依靠，其他没有位置的植物将无法生长；大树底下好乘凉，但大树底下再也长不出大树，因为同类竞争异类共赢。

同自然界的发展进化一样，品牌的生存与发展也处于社会文化、技术演进、消费环境、经济发展的生态圈中（见图1-1），只有符合社会演化趋势、搭上技术进步快车、适应消费环境变化、符合经济发展规律的品牌才能在竞争中留下并得到发展，一个好的品牌也一定是有利于社会的进步，有利于技术的应用，有利于经济的发展，有利于消费品质的提升。

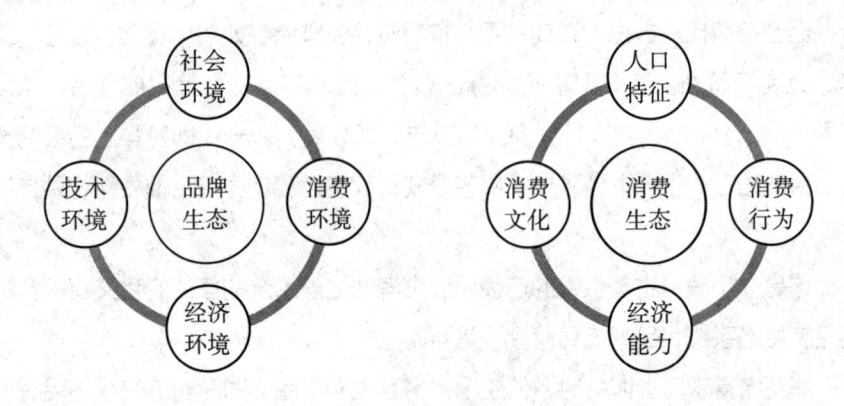

图1-1 品牌和消费生态系统

第一章 变局中的消费生态

> 中国的市场经济已经进入"三十而立"的关键时期，正逢互联网、人工智能的技术变革，人口结构、市场结构的加速迭代，量变与质变交相呼应，颠覆与反颠覆眼花缭乱。新一轮消费生态的变局，犹如浩荡的历史潮流，正以摧枯拉朽之势冲击着企业的发展、品牌的兴衰、产业的更替。

增量到存量的市场变局

过去30年，中国在一个一穷二白的消费基础上发展经济。广阔的地域疆土、巨大的人口基础、供给从无到有，共同构筑了一个世界上最庞大的消费增量市场。从食品、饮料到汽车，从电视、手机到电脑，从服装、家具到住房，任何一个品类的出现，都是在白纸上画画，自然增长的需求已经足够养活大量的生产企业，这个市场整体是稀缺的。产品、生产、规模、营销分阶段的竞争逐步成为市场竞争的主体，推动着市场走向增长和成熟。

逐渐远去的增量市场

1995年之前，中国市场完全处于供不应求的状态，各行各业都有巨大的需求红利。商品经济催生了庞大的需求，只要有企业供应产品以满足需求，就能够迅速获得消费者的青睐。企业是这个时期的竞争战场，生产是这个时期的竞争焦点。可口可乐红遍中国，麦当劳攻城略地，康师傅与统一迅速统领方便面市场。中国消费者第一次在自给自足的农作物供应基础上，感受到了现代物质生活的丰富。

1995—2010年，大量的产业开始供求平衡并逐步走向供过于求，消费者从被动接受的消费模式走向主动选择的消费模式，他们开始在日益丰富的产品群中寻找自己喜欢的东西。这个时期，竞争战场逐步由企业转向市场，竞争焦点由生产转向营销。无吆喝的销售时代渐渐远去，通过4P（即Product/产品、Price/价格、Place/地点、Promotion/促销）的优化组合去获得更多的市场机会是所有企业都需要考虑的大事。几乎所有的行业，都在这个时期经历过疯狂，并在残酷而激烈的竞争中不断洗牌，最后归于稳定的行业格局。

这也是个机会辈出的时代，经济发展的不平衡形成的巨大地区差异、阶层差异，在空间上、时间上都创造了巨大的空白空间，使庞大的中国市场出现梯级开发的机会。抓住任何一个区域市场，深耕任何一个消费人群，都可能诞生一个伟大的品牌。

增量市场的四大红利，一是人口红利，中国人口基数在过去30年达到顶峰，20世纪80年代改革开放前中国没有消费市场，10多亿的消费者在30年内被市场突然激发，任何一个产业和行业都是巨大的红利市场；二是区域红利，中国地域广阔，从东到西，从一线城市到农村市场，形成了明显的梯级消费格局，任何一个消费品都具有广阔的市场转移与延伸空间；三是阶层红利，市场经济让中国人的收入和消费水平呈现多级化，这构成了一个多层级的消费市场，对于每一个消费品都拥有阶层间的转移空间；四是技术红利，一种技术变革催生一个新的经济模式，诞生一个新的红利市场，比如电子商务，以一种全新的购物模式从零开始展开新一轮增长。

但这一切，正在远去。

在空间布局上，现代化的交通工具，高速公路、高铁等各种基础设施将城市和乡村、沿海和内地连接起来，任何商品都能够到达有需求的地方；人口的频繁流动将先进的消费理念和追求从发达地区带入落后地区，人均收入的增长不断提升所有人群的消费能力。虽然区域差距仍然存在，消费能力参差不齐，但商品经济已经无孔不入，纯空白的市场逐渐远去。

在商品供给上，过剩成为热点。冰箱、洗衣机、空调的普及率早已超过100%，但产能扩张仍在继续；早在2012年，中国就以12亿的产量满足着3亿的销量；钢铁、水泥、煤炭、光伏，各行各行都在为去产能头疼；白酒消费人群越来越少，行业进入存量竞争时代。

根据西南财经大学和中国人民银行共同发布的《中国家庭金融调查报告》显示，2012年中国家庭的自有住房拥有率已达89.68%，远高于世界平均的60%。根据汇丰银行的报告，中国"千禧一代"住房拥有率于2016年已经达到70%，远高于其他国家同时代人群的住房拥有率。

截至2016年12月，我国网民规模达7.31亿，普及率达到53.2%；2016年中国智能手机的普及率达到58%，远高于俄罗斯的45%、日本的39%、印度的17%等；根据IDC全球手机追踪季报的数据，2016年全球智能手机的出货量达到14.5亿部，同比仅增长0.6%，而2015年的出货量增长率为10.4%。数据表明，智能手机目前已经在成熟市场中全面普及。

中国的消费市场正进入一个更迭期，自然增长的潜力越来越小，市场的红利越来越弱，只要有产品、有渠道就能销售的时代将成为历史。这不是真正的全面衰退，而是供给与消费需求的差距，是传统的企业生产方式、销售方式不适应新的市场环境和消费需求。成熟的市场必然是规范的竞争，是企业价值实力的比拼，这对于转型升级的经济必然是一件好事。

增量市场，撒网就能赢

任何一个产业的兴起，一个细分市场的诞生，一个新的消费形态的出现，都会经历三个阶段：抢客户、留客户、再创新。一个全新的市场面临大量的消费者，只需要让消费者了解产品信息，能够满足其需求的某些功能，产品就会被消费；随着品牌的扩展，新的消费群会越来越少，企业面临的是通过价值创新、成本降低等手段维系现有顾客，获得二次消费或多次消费。抢客户属于增量市场，留客户属于存量市场，当增量市场和存量市场都趋于饱和的时候，企业就需要再一次创新去开拓新的增量市场或满足存量市场。

增量市场品牌竞争依靠三大能力和四种手段，如图1-2所示。

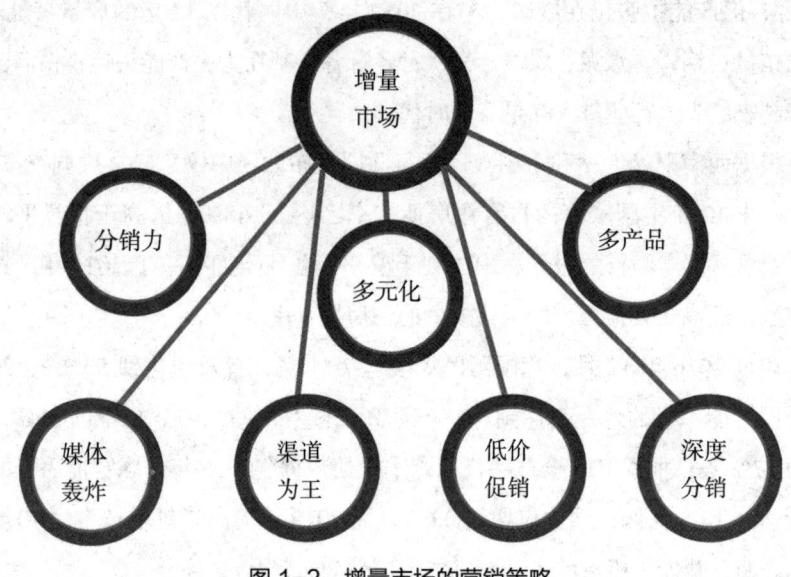

图 1-2　增量市场的营销策略

能力一：分销力。企业面临的问题是通过多层级的经销体系确保一个产品能层层渗透，最终遍布每一个角落。

能力二：多元化。每一个新市场的出现，每一个新产品的畅销，都会吸引企业一哄而上，以抢到市场增量的一杯羹，赚一笔走人。

能力三：多产品。多一个产品就可以多占领一个消费者，多一个产品就多一份销售机会，企业希望用产品网尽一切消费者，所有企业都构筑起了无限长的产品线。

手段一：媒体轰炸。通过电视广告、重金砸钱强制性地让消费者和渠道商迅速认知产品，打响名气，就会打开一个市场，抓到一批群体。

手段二：渠道为王。买得到是增量时代的基本点，无论什么企业，都需要将产品最大范围地覆盖到消费者容易接触到的零售终端，即使有高昂的进场费，渠道也是企业营销的第一优先级。广大的地域纵深为企业提供了巨大的市场空间，企业通过策划全国招商会、区域招商会让渠道逐级下沉。

手段三：低价促销。价格战是品牌竞争的不二法宝。增量市场的品牌并没有明确的定位，所有的品牌都以尽可能最大化地抢占市场份额和消费群为最大目标。

手段四：深度分销。产品进入了终端，还要激发消费者购买。终端的拜访、关系维系、陈列位置、铺货理货、不断的促销、POP设置成为一个系统工程，谁做得最到位，谁做得最精细，谁就有竞争的优势。

互联网商业是一个新兴业态，是在白纸上画画，是一个新的从零开始的增量市场。虽然互联网商业对传统营销体系构成了巨大挑战，但其只是将传统实体性销售搬到了互联网上，创造出了新的商机。用搜索引擎和互联网媒体迎战传统广告，用平台电商和自有电子商务去迎战传统渠道，用网银支付去迎战终端付款，用互联网无时空的优势去迎战市场下沉。这一时期，互联网商业表现出的竞争能力仍然是增量市场的本质：打造爆款，吸引流量，提升转化率。

无论是线下还是线上，增量市场永远都是在规模上做文章，在量上做文章，企业为抢占市场占有率不惜一切代价，最终的结果必然是恶性竞争，低价倾销，利润微薄，创新乏力。

存量市场，经营顾客是王道

存量市场在于深度，外延式扩展的机会越来越小，新顾客越来越少，竞争的难度越来越大，企业只能在现有的品类消费群中实现顾客转移和提升现有顾客的消费愿望。因此，存量市场的企业经营不在于渠道的长度和广度，而在于顾客经营与管理的深度和厚度。

存量市场考验企业的三大能力和四种手段，如图1-3所示。

图 1-3 存量市场的营销策略

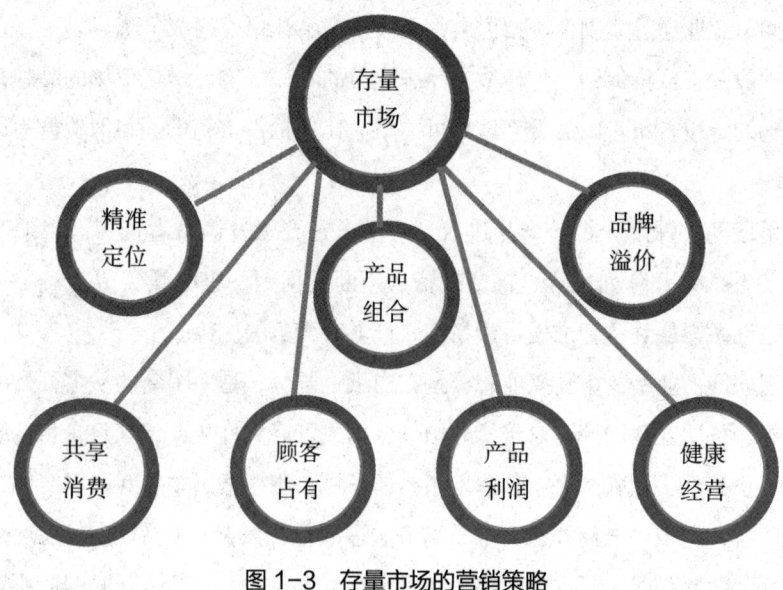

　　存量市场需要企业精准定位。企业必须保证品牌、产品与顾客需求的高度契合性，能够成为目标消费者需求产生的第一联想者和第一选择者。品牌从关注卖点转变为关注消费者的买点。

　　存量市场需要科学的产品组合。企业必须确保最大化地挖掘现有顾客的价值，通过产品创新组合扩大现有顾客的消费类别、消费频率和消费量，增强顾客的持续购买力，留住顾客，服务一生。

　　存量市场需要很强的品牌溢价。没有了规模，就需要有足够的单产品盈利能力。存量市场通过打造让顾客满意的产品，提升顾客认同度，从而提升品牌溢价空间，获取更可观的利润。

　　当市场由增量转入存量，大量企业原有的竞争优势会变为劣势，专业化的品牌、有明确定位的品牌会逐渐显示出竞争能力。

　　在营造三大能力的同时，企业需要转变四种思维，在四个方面做出努力。

　　品牌由争抢新顾客转变为服务老顾客。新顾客获取越来越难，顾客流失带来的损失越来越大，品牌铁粉数量决定着企业的未来。

　　品牌由关注市场占有率转变为关注顾客占有率。市场占有率只能代表企业的当下和市场的规模，只有顾客占有率尤其是核心顾客的占有率才能反映消费的真相。

品牌由关注销售量转变为关注产品利润。赚钱才是硬道理，增量市场的赚钱可以用无限大的量的扩张来实现，存量市场的赚钱则取决于单产品的利润空间和顾客单次购买的利润贡献。

品牌由经营规模和市场广度转变为经营市场的深度。简单的渠道铺货、电子商务销售、终端数量、价格比拼、功能推销已经难以维系竞争优势，对终端的体验建设、对消费过程的服务、与消费者的互动沟通才能维系客户的忠诚度。

大数据和云计算的出现，为品牌与顾客的深度连接，实现对消费全周期的过程管理提供了技术支撑，也使以顾客数据化管理为核心的品牌运营成为必需。

"85前"到"85后"的人口变局

2017年12月30日，所有人的微信圈都被18岁的照片刷屏，大量的人也在寻找着自己的18岁照片。刷屏的是照片，晒出的是回忆，看到的是不同岁月18岁的历史印迹，折射的是一个时代的背景。

这一天，预示着"00后"的人群进入18岁，正式成年，登上中国社会的舞台。中国的人口结构正在改变，1985年出生的人群已经迈过30岁。三十而立，他们已经成为中国市场消费的主力军和核心贡献者，中国的消费市场已经由"85后"人群主导和决定。

到2010年，中国人口中占比最高的是1985—1990年出生的人口，占比达到9.56%。而围绕在"85后"人群前后的1981—1985年以及1991—1995年出生的人口占比也高达7.58%和7.49%。

快速的经济发展和文化裂变，使得中国的人口结构呈现出明显的代际特征。我们虽然从消费的总体特性将人群直接划分为"85前"与"85后"（1985年是中国真正全面改革开放的开始，继农村家庭联产承包责任制后，乡镇企业为代表的企业改革和城镇改革全面铺开），其实"85后"人群也在短短的几十年时间内表现出明显的代际差异，这反映到他们的日常生活行为和消费行为中，就体现出各种鲜明的时代特征和消费追求。

20世纪70~90年代各个人群的"标签"

	70年代	80年代	90年代
环境特征	物质困乏的同质化	儿时与成年的巨大财富鸿沟	丰富的物质与文化生活
人群特征	物质效用与理性追求	追求形式多于实质	重自我表达
时代标签	勤劳、专业	开放、独立	洒脱、自由
形象表达	《中国合伙人》	《致我们终将逝去的青春》	《小时代》

可见，对于"85后"人群，他们的成长过程享受到了改革开放的红利，跟上了中国居民财富高速增长的步伐，面临了互联网、城镇化、市场化、独生子女化等时代主题，造就了这一具有鲜明时代特征的群体。

物质安全感与品质消费力

"85前"人群出生与成长在一个物质极度匮乏的年代，生活与工作在一个社会经济高速变幻的年代，经历了完整的从贫穷到小康，从小康到富裕的发展阶段。他们所思所想是如何最大可能地保证自己和家庭能够平安、幸福，好好生活，他们成长的环境使其对未来充满着不确定、对现状充满着疑虑，他们是缺乏安全感的一代人。存钱是"85前"人群最大的追求，因为他们要为自己老去做准备，要为子女长大后布局。社会保障对于他们是陌生的，依靠自己是他们根深蒂固的思想，确保未来是他们每天都要思考的问题。这种不安全感，使"85前"人群成为中国最大的储蓄贡献者。他们勤俭节约的习惯，不敢大肆消费的意识，已经严重制约了他们的消费能力，束缚了他们消费的手脚。

"85后"人群处在改革开放、高速发展的经济大潮下，他们基本可以享受到家庭的福荫和父母辈创造的足够安宁的基本生活保障。他们从踏入工作岗位的第一天起，就拥有了医疗保险、社会保险、养老保养和其他各种商业保险。他们只需活在当下，关注当下，歌舞升平的社会环境造就了这一群敢于消费的人。

"85后"人群正处在一个高成本也是高收入的时代。他们虽然面临买房的压力，但真正买房时首付往往是双方家庭共同提供的，自己只是负担房贷月供。而正在走入主流的"90后"，对房子的认识和观念已经改变，其买房获得的支援也远大于以前，房贷对于他们的压力正在减小，于是超前消费、贷款消费等新的消费模式成为他们的潮流。除了一份工作的收入之外，日益多样化的投资理财方式为他们开辟了广泛的收入渠道。一人多职、日常兼职、合伙创业，使得他们收入来源广泛，成为整个中国人口结构中消费意愿和消费能力最强的人群。

根据《2015年消费金融用户盘点》显示，29岁以下消费人群已成为我国消费金融主力军，占比超过66%。另据易观智库、百度旅游、百度大数据联合发布的《2015中国自由行市场研究报告》显示，"80后""90后"已经成为"在线自由行"用户的主力军，占比近70%。

当"85后"成为消费主力，由他们的消费意愿和消费能力支撑的中国消费市场必然发生根本的变革。

自由价值观与个性表现欲

2015年4月14日早晨，河南某实验中学一名女教师的辞职信引发热评，辞职的理由仅有10个字："世界那么大，我想去看看"。同年12月14日，湖南长沙"90后"女员工刘小姐的一封奇葩辞职信再次红遍网络，她的辞职理由是"冬天太冷，起不来，先冬眠"。这两封信在微博上得到网友大范围评论和转发，其共鸣程度超出想象，极大地颠覆了20世纪七八十年代人群的价值观。

对自由越来越大胆和自觉的追求成为"85后"人群的显著标签。他们显露出来的"自由心"和热衷安稳、任劳任怨、沉默隐忍的"70后"不同，不安于现状、不盲目追求高薪资、追求自主和自由成为他们挑选工作时的新态度。"不喜欢"是他们的根本理由,"任性"的个人情感取向是他们的坚守。

除却薪资、福利等物质层面的因素,个人存在感、工作自由度、自我价值实现程度等涉及个人偏好的心理层面的因素越来越被"85后"看重。他们比以往任何一代都更独立不羁、渴望自由、不愿按规矩去做事、厌恶束缚,无论这种束缚来自根深蒂固的传统和常识,还是来自于自我的思维定式,他们最笃定地要做具有破坏性的一代,打破常规、跳出束缚,敢于对一切显在的和潜在的规则发出挑战。

一些品牌已经开始去融合"85后"人群的价值观。一个以"85后"为目标群体的汽车品牌科鲁兹的上市发布活动,除了品牌设计突显属于年轻人的科技感和活力,更是由著名音乐人小柯带领团队,表演了一场体现"85后"年轻人追求自由、追求爱情、追求自我的音乐剧,以体现科鲁兹品牌的精神内核。

"85前"人群的不安全感直接带来的就是大众化市场、跟风型消费,催生出来的是综合性超市、家电卖场,他们购买的依据是看有多少人在消费和使用,因为用的人越多意味着风险越小。

"85后"人群是鲜活的,区别于"70后"的整齐划一和中规中矩;也不同于"85前"对外来事物的极端崇拜,"85后"的个性更趋向理性和多元化,包容社会中存在的一切,同时也有内心的是非观和正义感。即使在群体内部,他们也彰显着不同个性的张力。

时过境迁,我们发现传统超市的消费人群正在减少,尤其是年轻消费者越来越少。娃哈哈这些原有的以大众化市场为根基的品牌正面临巨大的发展压力,年轻消费者对大规模化的生产产品越来越没兴趣,他们不再相信"我的眼里只有你",反而相信某个遥远的国家或地区出产的一块手工香皂或是具有独特品质的某件商品。

还有那些正宗的地方特产,具有强品牌壁垒的老字号,由于它们的制作方法、消费体验不符合年轻人的喜好,它们固守在地道、传统的优势上而不知变通,面临着越来越大的被年轻人抛弃的趋势。

随着互联网的兴起和自媒体的普及,更多的年轻人可以从网络渠道获取到个性化产品，从线下店面享受到个性化体验，从而满足他们的个性化消费需求，这也许会推动真正的代表中国的消费品牌的诞生。

自媒体生活与圈层化凝聚

物以类聚，人以群分，志同才能道合，道合才能共语。言论的开放、思想的自由、媒体的自营，促使所有的人都将跨越出社区、办公室、同事、同学的藩篱，而在无时空、无边界的地球村中寻找、结交自己的知己，在互联网的技术支撑下形成一个又一个的差异化的圈层体系。"85后"，出于对互联网的热衷，将在未来阶层化、圈层化的消费生态中占据优势。

也许是因为某个偶像，也许是因为某个剧种或大片，也许是因为消费某个品牌，每一个人都将走进属于自己的圈子，在圈层中去实现社交和消费，这对于"85前"的人群是陌生而难以想象的，但趋势已经到来。

随着经济发展所带动的娱乐产业和文化产业的发展，文化追求、艺术品位、消费形态的固化和差异更加明显，将对群体圈层化产生加速的推动力。品牌一旦利用普通消费者对圈层的高关注度，创造一种专属于某个圈层的消费品位和价值取向，就能深度吸引和连接到那些羡慕或者想要加入这个圈层的消费群体。

我们熟知的小米，以其电子产品的半定制化和参与感聚集了一批铁杆粉丝，更典型的是苹果粉，每次有新款推出，就会引来大量忠实粉丝在店门口排队等着购买，可见圈层化的威力不可小视。

要迎合、满足"85后"人群的需求，企业的产品必须具有品质感、独特性和舒适性。围绕"85"后圈层文化的流行趋势，迎合他们的喜好，打造属于其话语体系、沟通方式的平台，就能够迅速聚集他们，并共同掀起流行的网络文化。2017年年中，网易新闻推出全新青年文化洞察项目"可以说这很青年了"，用年轻化、立体化的数据报告洞察青年圈层群体，短短两个月，话题总阅读量就超过5000万。

小康到中产的需求变局

2015 年，中国一共有 10 个省的人均 GDP 突破 1 万美元，有 3 个省的人均 GDP 逼近 2 万美元，如果考虑到中国多层次的城市结构，很多重点城市的人均 GDP 已经接近发达国家水平，这一巨大中高收入基数的人群的出现，对消费市场的很多领域必然产生重大影响。到 2020 年，中国将全面建成小康社会，经济收入到了一定的水平之上，需求层次就发生改变了，需求层次的升级并不是简单地从"买便宜的"到"买贵的"，而是消费行为会发生结构性变化。

40 年的消费需求变革

中国的经济发展分为四个阶段：第一个阶段为温饱解决阶段，根据中国政府发表的《2000 年中国人权事业的进展》白皮书，中国温饱问题在 2000 年基本解决、居民生活质量整体大幅提高；第二个阶段为小康社会阶段，按照十八大经济发展目标，到 2020 年，中国将全面建成小康社会；第三个阶段（2020—2050 年）为富裕过渡阶段；第四个阶段（2050 年以后）中国将基本实现现代化，达到中等发达国家水平。

每一个经济发展阶段都对应着不同的消费阶段，由于人口的不均衡和地区发展的不均衡，消费形态的出现通常都早于经济发展阶段的完成（见图 1-4）。在 1990 年之前，国内市场的消费主要处于温饱消费阶段；进入 1990 年，尤其是 1992 年中国正式确立建立社会主义市场经济体制这一改革目标后，一大批新富阶层开始形成，小康消费全面到来；从 2010 年开始，尤其是 2015 年以后，中国经济进入一个新常态，依靠"双创"、依靠互联网等新经济，越来越多的中国人实现了物质与精神追求的全面提升，中产消费初现端倪。

```
  解决温饱    2000年    2020年    2050年
              完成小康   实现富裕   发达国家
   温饱       小康      中产       富裕
   消费       消费      消费       消费
```

图1-4 不同的消费发展阶段

今天的中产阶层大多具有高学历、高阅历，依靠知识、智慧和模式来赢得竞争，获取财富，这不再是温饱压迫下的无奈之举，而是自我实现价值的需要。他们不仅追求物质的富足，更追求精神消费与文化消费的富足。

如果说小康消费更多的还是追求数量的满足，中产消费则是真正的品质消费一代。

自娱消费带来的机会与盲从

自娱消费是自媒体影响下诞生的一种流行消费形态，是一种满足消费分享、群体认同的消费经济。自娱消费是在小康消费向中产消费过渡过程中，在互联网经济的狂潮下催生出的一个独特消费形态。

自娱消费主要以年轻消费群体为主，他们年轻、时尚，网络化的特征非常明显；他们跨越了纯粹的物质追求，而偏重于一个群体的认同，更在于通过消费实现一些心灵的满足和沟通；他们有社交渴求，以不强的购买力来显现自己有品质的生活；他们追求自我圈层的生活格调，却胸怀一个"高富帅"的梦想。

自娱消费本质上是长尾经济原理下的消费构建。一个分散的没有足够购买力的群体历来并不受企业重视，而长尾经济描绘了一种专门经营分散无购买力的消费群体的美好前景。任何企业借助互联网，都可以将产品低成本运送到任何一个消费角落，并通过产品的理念、风格、思想或是故事将这些分散的群体笼络并凝聚起来，从而以规模化实现企业效益。单个消费者贡献的消费额不高，但大量消费者的出现，则足够撑起一个品牌，一个企业。

因为自娱的特征，形成了自娱营销模式，那就是通过免费、补贴、低价去吸引、诱惑消费者。从互联网企业的风起云涌，到频繁倒闭，我们看见的是这个群体的生命力和维系运营与管理的艰难。

凡客应该算得上是最早的自娱品牌，2011年伴随明星代言和"凡客体"传播一炮而红。一个没有任何服装设计优势、生产优势、渠道优势的企业，自然只能依靠价格来杀出一条血路。29元的T恤、59元的帆布鞋为代表的产品迅速推向市场。低价推动凡客销量迅速攀升，也刺激了凡客的雄心和野心，号称2010年销售规模达到20亿元，2011年100亿元，2012年300亿元，2015年超过1000亿。

然而凡客的"文艺范"和低价网络营销只为它获取了部分一二线城市的客户，三线以下城市凡客的实力无法顾及，而一二线城市的白领阶层对"凡客"也不屑一顾。一个以低价取胜的品牌无法有稳定的产品质量，更无法树立起时尚与优雅的形象，无疑是时装企业的大忌。从2013年开始，我们所能得到的只有凡客不断裁员的消息。

曾经为凡客代言的雷军开创了小米公司，成为手机行业的一匹黑马，2010年开始从一家名不见经传的新来者，赢得全球媒体关注，成为获得显著市场份额的主导型厂商，成为营销界的标杆企业。2014年，小米公司销售手机6112万台，销售业绩达到顶峰，公司估值达到450亿美元。

小米采取的是粉丝营销策略，通过低价产品塑造品牌形象，从市场圈粉丝，从投资上圈钱。小米曾经是一个没有技术沉淀、没有核心产品技术能力的营销空心化品牌，能够以低价满足自娱消费者的消费欲望，但无法以品质和品牌凝聚消费者的心。但由于小米构建了强大的消费生态体系，如果能够发力技术研发、关注原创精神、聚焦产品品质，小米的未来不可小视。

如果说小米是自娱消费品牌，那么苹果就是典型的中产消费品牌，当小米的消费者有足够购买能力能够消费苹果手机时，会毫不留情地抛弃小米投向苹果。当小米手机的粉丝营销如火如荼时，当小米沉湎在粉丝的疯狂中不断多元化时，当小米面临华为这类技术、品质派时，如果小米不强化技术能力和产品竞争力的塑造，其危机便成为必然。

没有多少人会认为江小白的酒好喝，但江小白独到的传播成就了大量自娱消费者的追求。当白酒品牌越来越走向高端、走向传统、走向中老年市场的时候，年轻的白酒爱好者似乎难以寻找到一款适合自己的品牌。江小白以"80后""90后"的都市白领、青年群体为目标，以自娱文化为切入点，打造了一款有梦想、有情怀的产品，利用不断更新的自嘲语录完成了与消费群的沟通和连接，以20元的价格成就了一个年销售额3亿的企业。

江小白的成功如同茶业中的立顿，在行业的格局变化中找到了一个被忽视的市场和群体，将传统的、正统的产业通过时尚的改造走向了年轻化。因为市场空白，所以江小白成功得很快。但江小白的成功主要还是建立在"互联网+营销创意"上，现有的自娱消费群一旦真正爱上饮酒，将很难忠诚于江小白的品牌。无法与重度消费者建立深度顾客黏性的江小白，在品质消费的浪潮中面临挑战。

唯品会、三只松鼠，这些都是依靠自娱消费心理构建起来的品牌，它们都面临品牌转型和升级的未来变革。自娱消费仍然拥有巨大的顾客基量，能够支撑起众多利基市场，但自娱消费只不过是中产消费成熟前互联网带来的一次商机，当消费者越来越理性地追求品质时，低价将不再是消费成熟者的唯一消费理由。

没有人愿意永远停留在自娱消费阶段，也没有人愿意永远用自娱来安慰自己，在收入增加、消费能力增强的条件下，自娱消费必定会向更高层级迈进。

得中产者得天下

中产消费在中国市场越来越热，也一直备受争议，因为没有具体的标准去界定。对于营销者来说，我们不需要去关注中产阶层的收入或是其具有哪些社会特征，而只需要从具体的消费行为去判定。

1. 海外抢购是中产消费兴起的直接体现。

从奶粉到马桶盖，从彩妆到红酒，从电饭煲到日常的水果，只要是贴着国外的商标，都成为很多国人采购、抢购的对象。我们无法用崇洋媚外去评价他们，无法用不买国货去批判他们，因为在他们心中，普遍认为国内生产的产品品质不好，无法得到他们的信任。他们需要有更安全、更放心、更有品质、更有品位的产品去满足他们。他们不缺购买力，却缺少自己喜欢的产品。

2. 供给侧改革是中产消费兴起的明证。

供给侧改革从 2015 年提出以来，就成为举国上下、各行各业坚定的革新举措。供给侧改革要解决的就是长期以来扩大生产、刺激消费、满足需求而大上敢上快上的后遗症。我们已经生产了足够多的产品，已经让社会物质财富极大丰富，已经拥有了足够大的购买群体和购买力，但我们却苦恼于销售不畅、消费不力，因为我们的产品和供给在改革开放 40 年后的今天，已经不适应消费的需求，我们长久以来赖以生存和发展的供给模式越来越不适应消费需求的变化。

对于今天的消费者，我们不应该再致力于让更多的人来购买，而是应该努力把我们的产品做好、做精致，让消费者能够购买到他们满意的产品。

3. 商业的困境是中产消费到来的反应。

中产消费与自娱消费相比，不再只是性价比的关注者，他们更关注性能、关注品质、关注体验、关注获得的整体价值感受。电子商务作为一种新的零售业态，抢占了部分消费者，作为一个新事物获得超速的发展理所当然，但这绝不应是线下店经营困境的替罪羊。我们可以看到，我们的超市、我们的商场、我们楼下的便利店，在过去 20 年并没有多少实质的改变，一样的环境、一样的导购、一样的服务、一样的产品供给，而我们的消费者已经发生了翻天覆地的变化。实体店如果不能在情景化、互动化、立体化、人性化体验方面做出改善和提升，即使没有电子商务也一样会走向困境。

中产阶层今天到底有多大规模仍没有权威的结论，但我们可以确定的是中产消费的浪潮已经到来。基于中国目前的消费层级结构的差异，中产消费在当前的市场可划分为三个阶层，一是新奢侈消费群，二是以品质消费为特征的经典消费群，三是以追求自我认同为核心的自娱性准中产消费群，如图 1-5 所示。

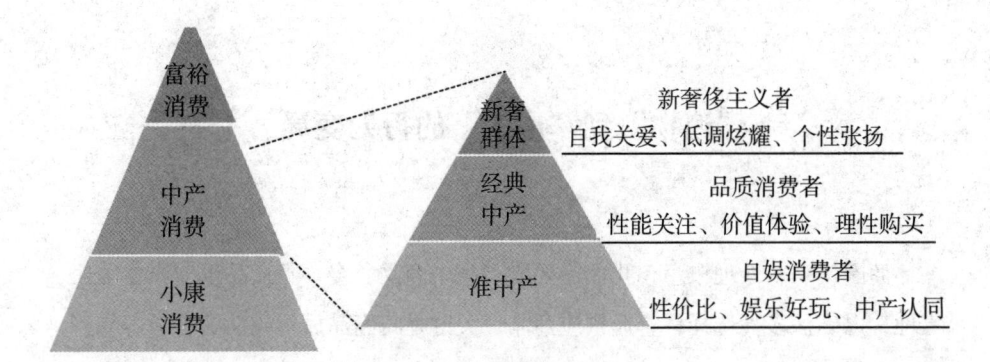

图 1-5　中产阶层结构图

  这三个群体各有各的特征，针对中产消费的崛起，企业在产品、服务以及信息获取方式上有待改善，需要一批有品质的新产品、有品位的新服务才能够与之匹配，这将是未来几十年最大的市场机会。谁先把握住中产消费崛起的先机，无论你占有哪个市场，都能立于不败之地。

  中产阶层具有高收入水平和高生活压力的双重特征，他们在"平衡"和"理性"中决策。他们的消费不激进、不超前，却要追求生活质量；他们在满足当前消费的同时又要理性地权衡未来的消费安全；他们理性地分析消费的投入和产出，认真地权衡产品（服务）的性价比和价值；"贵"和"便宜"不再是他们选择的标准，"适合"与"正确"成为他们购物的标杆。

  中产阶层已经跨越了基本的物质生活需求，他们更加注重产品（服务）中的情感、审美因素，追求格调，讲究质感。他们考虑的是产品的综合价值和整体价值，关注的是消费全过程的愉悦体验。

  中产阶层的分化是必然的，不仅是收入的分化，更是生活环境、成长环境的不同带来的追求差异。他们中的一部分人在模仿"富人"的消费模式，而另一部分人却滞留在经济地位更低阶层的消费习惯上。

"追物"到"追人"的行为变局

商圈是一个地理概念，我们需要购买某个商品，会寻找商品供应丰富的聚集地，以确保多种选择；企业供应商品，关键是将商品放置到消费者最容易到达的地方。于是，各个城市都围绕物品品类形成了大量的产品聚集区。生鲜聚集区构成了农产品贸易市场，服饰聚集区构成了服装街，饮食消费区构成了美食街，通信产品聚集区构成了通信产品街，多种街区聚集就形成了商圈。

商圈的核心功能是实现物的传递，物的生产、物的储存、物的促销是传统经营的三大要素。商圈形成的机理是人的空间局限性，人的消费的满足只能在人的可接触范围内去寻找，没有人愿意专程跑到几百千米外去购买一双鞋或一件衣服。

互联网改变了一切，它的根本特征就是解放了人的空间和时间。只要方法得当，任何一个企业都可能在任何时间接触到任何地方的任何人。消费者通过互联网跨越了渠道和商圈，和企业完成了直接的对接；企业通过互联网、大数据等的分析，能够不依靠任何中介而寻找到目标消费者，并最高效地将产品送到目标消费者需要的地方。

因此，传统商圈是一个物的概念，是人围绕物跑，是人追物；互联网时代的消费是人的概念，是物围绕人跑，是物追人，如图1-6、图1-7所示。

产生需求 ▶ 寻找商圈 ▶ 产品交易 ▶ 实现消费

图1-6 传统"人追物"的消费模式

寻找消费者 > 实施交易 > 产品交付 > 消费互动

图 1-7 互联网时代"物追人"的消费模式

真正的主人翁消费时代

某一天，家中没有了洗衣粉，没有了牙膏，没有了电池，我们唯一能做的就是等待，要么专程去买回来，要么等下一次去超市、商店带回来。有时候没准备好购物清单，往往还会还忘记买什么，这可能是很多人无法避免的消费体验，补货对于小批量消费的家庭是常态。

2015年，亚马逊推出了Dash购买钮，这是一种创新的物联网购物按钮，看上去就像是一个小U盘，可以针对不同品牌订做，成为品牌的专用购买钮。消费者只需要将购买钮贴在使用商品的物件上，比如将卫生纸品牌贴在卷纸架旁边的墙壁上，或是将牙膏品牌按钮贴在洗手间的镜子旁边，便可以实现即时提醒补货，迅速购买产品。消费者在产品使用完毕后只需轻点按键，亚马逊销售中心就能获取信息，迅速送货。汰渍洗衣粉就是第一批参与品牌。

我们设想一下，如果汰渍洗衣粉品牌自身直接来实现一键购物，通过将产品主流配送渠道铺设到所有的社区便利店，由汰渍总部中心收到信息后定点向配送点发送送货信息，并根据最终的配送结果实现利益分配，这样可能会比亚马逊集中配送更为方便。如果大量的家居用品实现一键购物，那么消费者完全可以足不出户，实现家中即时购物。

我们坐公交车，打出租车，都需要走到公共汽车和出租车停靠点，根据对方既定的时间来解决自己的出行问题，很多人都有"关键时刻等不到车"的痛苦经历。我们等待车，我们寻找车，我们没有主动权。

但 Uber、滴滴专车改变了这种模式，无论人处于何时何地，只要发出坐车需求，所有的车辆都会收到信息，从而根据距离的远近接单，并告诉"打车者"车的距离和到达所需的时间，消费者不需要改变任何空间的距离，车辆会在指定时间到达其身边从而实现消费。

传统的体检，是消费者联系体检医院或公司，按约定的地点实施体检，完毕等待报告，拿到报告后自己阅读，有问题再去体检点或医院咨询。而国内领先的专业体检机构爱康国宾推出"iKangCare+"战略，通过客户分级服务体系，用人工智能和精准医疗连接客户，实施健康全管理。

首先，iKangcare+ 健康管理服务平台会通过体检历史数据管理实施客户分级，精确找到客户需求，提供针对性的专项体检服务；其次，全方位跟踪体检报告，运用 APP、微信、服务电话、上门服务为客户提供体检报告解读服务；最后，根据报告结果提供深度的筛查项目，建立一管到底的追踪体系。

无论是 Dash 购买钮，还是专车预约，抑或是健康全管理，都是建立了以消费者为中心的运营系统，所有的数据统计、产品生产、物流配送、服务都是在跟随消费者运行。消费者不需要再去寻找资讯、去寻找产品、去寻找服务。"人追物"真实地被"物追人"所取代。

在线、互动、联网成为基本的生活形态

马云在 2017（第十届）中国绿公司年会上说：未来 30 年任何一个企业如果不利用互联网技术发展业务，就会跟 100 年前缺电一样可怕，甚至比缺电更可怕。在 2017 年底特律 Gateway '17 conference 会议上，马云也说：人工智能是第三次技术革命，巨头的影响力正在下降，原因就在于大规模的模式正在消亡，未来属于个性化定制。

互联网技术和万物互联技术催生了"以物为中心"向"以人为中心"的

历史性转变，也决定了未来的商业从"经营物流"向"经营人流"进化的必然趋势。企业要转变营销模式，实现以人为中心的模式构建，必须具备三个基本条件。

1. 在线。

以人为中心的营销和品牌构建的基本前提是要有人，有足够的人的信息。传统企业升级的基础是触网，只有触网"在线"才可以实现数据沉淀、积累、挖掘和使用，才可以发现消费的需求、行为、特征和走向，只有抓住了消费者，实现了对消费数据的科学管理，才能推动企业实现"以消费者为中心"的运营模式。

2. 互动。

如果说"在线"是基础，那么"互动"则是核心。"在线"让企业具有了拥有消费者的可能，"互动"则决定了企业是否能与消费者建立关系，让消费乐意参与企业的营销活动。企业需要将整个营销过程分解为一个一个的消费接触行为，通过"互动"的模式在所有的接触点近距离地接触到自己的客户，从而实现精准营销和个性化服务。

3. 联网。

"联网"是实现"以消费为中心"的营销模式的保障。在一个突破时空概念的全球大市场中，在一个数以亿计的海量数据体系中，企业无法自己完成与消费对接的所有工作。只有通过物联网这张大网，把实现消费者消费的各个环节连在一起，与各类专业公司通过大规模的协同合作、专业化分工，构筑成完整的生态网，才能实现完整的消费链。网络零售、餐饮外卖、线上线下打车等原本不搭界的事情都会被互联网连接起来，而当传统企业越来越多的东西能连在一起的时候，不仅可以提升效率，也会产生很多的快速反应。

"更迭"与"升级"的产业变局

品类是在消费需求的演进中形成的，就如同物种是在环境变化中更迭的一样。自然环境的改变，外来物种的入侵，物种自身的适应能力，都会直接导致物种的新生、进化和消亡。一个有生存能力和发展能力的物种，必须是适应生态环境的物种，并能够有利于周围生态环境的协同与进化。物种消亡与新生是正常的自然现象，一些新物种的产生必然伴随着一些老物种的消亡，正因如此才推动自然界不断更新。

品类遵从的基本规律是在消费多样化的选择中不断分化，但消费者的需求是无穷尽的，因此，品类的分化和更迭也就是无穷尽的。一些新品类的产生自然会推动一些旧品类的灭亡，也可能因为技术环境、政策环境等客观因素的改变直接导致一个品类的消亡。数码相机直接导致了胶卷品类的消亡，彩色电视的出现直接导致了黑白电视的消亡，微信这种即时交流工具的出现让QQ的使用人群大幅下降。每一次品类的更迭都会催生大量品牌，也会让大量原先的优势品牌直接衰亡。

这是一个互联网技术加速迭变的时代，这是一个消费需求加速升级的时代，这也是一个世界消费加速融合的时代。我们从消费生态的变化可以去洞见与预测产业的演变，我们也可以从产业迭变的现实去窥探与论证消费生态的变局。

方便面的衰落和健康食品的兴起

提起方便面，很多人肯定第一个会想到"康师傅"。

20世纪80年代末，中国台湾顶新制油公司负责人来大陆考察市场，他们在火车上食用从台湾地区带来的方便面，从车上人群的好奇眼光中敏锐地捕捉到了机会。1992年，第一碗康师傅红烧牛肉面在天津诞生，一句脍炙人口的广告语"红烧牛肉面，就是这个味"带着康师傅方便面红遍大江南北。

康师傅成功抢占了方便面第一品牌的形象，同时也激发了巨大的消费需求，方便面因其方便的食用特性，满足了尚处于温饱阶段的广大民众的需求，方便面不仅是差旅人群的首选，更成为取代日常正餐的美食佳肴。

在随后的30年内，方便面市场蓬勃发展，逐渐成为快消品的标杆行业，形成了完整的品牌竞争格局。曾几何时，方便面和啤酒是夜宵标配，更是小卖部的揽客神器，超市的货架最显眼的位置、最大面的陈列都少不了方便面。

康师傅先入为主，占领了"口味"的价值制高点，"红烧牛肉"成为方便面的习惯性口味。同为台湾地区方便面品牌的统一，抓住20世纪90年代中的人口大迁移机遇，面对百万民工大军的巨大市场，抓住"吃饱"的价值诉求，推出"来一桶"，以夸张的桶装、两块面饼的分量满足了民工群体对"量"的需求，迅速成长，方便面市场呈现两强争霸局面。

随后，日清在炒面，农辛在拉面，今麦郎在面质，白象在营养，只要在方便面市场的消费需求中找到了独特价值部分的品牌，都取得了巨大成功。

自2011年开始，中国方便面销量持续5年下跌，开始走上衰退之路。根据贝恩公司与凯度消费者指数发布的《2015年中国购物者报告》，2015年方便面销量大幅下降12.5%，这种趋势在2016前8个月仍在继续，康师傅2006年上半年方便面销售收入为15.42亿美元，同比下降了13.95%。全国22家方便面企业的统计数据显示，有9家都出现销售下跌。近两年来，康师傅、统一的财报都在不断揭示中国方便面市场衰退带来的风险。

曾经是方便面的标配场所——各种车站、码头等，方便面也正面临巨大的危机，在深圳等高铁站，已经找不到桶装方便面的踪影，转而被各种方便即食快餐所取代。

但同时，健康食品的表现则十分出色，2016年酸奶销售额增长了20.6%，功能型饮料销售额上涨了6%。

根据 2017 年 6 月贝恩公司和凯度消费者指数联合推出的《中国快速消费品市场的双速增长》报告显示，餐厅外卖和外出就餐占比显著增长，享受食品外卖的消费者增速高达 44%。外卖送餐因其方便和营养的特点，已经成为个人消费者解决饮食问题的重要途径。

其实，方便面是适应温饱消费而诞生的品类，是温饱需求时代的标志产品。随着温饱需求的解决和小康生活的到来，充饥已经不再是消费者需求的主要选项，加之互联网餐饮、食品外卖市场蓬勃发展，方便也已经不是方便面品类的竞争优势。一边是消费环境的改变和消费需求的升级，一边是新的品类和新的消费方式的形成，以适应温饱消费而诞生的方便面品类在品质消费的潮流中不得不面临被淘汰的命运。

如家、7 天的衰落与主题酒店的兴起

经济型酒店的最初雏形是汽车旅馆，是一种适应大众消费市场的兴盛、交通网络的快速发展和城市的日益繁荣而兴起的酒店业态，由于为平民的出游提供廉价的服务而受到广泛的青睐。

"二战"后，美国经济率先繁荣，带动了大众旅游市场的发展，中低档住宿市场需求被迅速激发，汽车旅馆开始尝试采取标准方式复制产品和服务，形成了连锁酒店的初始形态。

随着消费容量的扩大和进入者的增多，经济型酒店开始迅速扩张，追求规模效应，连锁经营逐渐成为主流模式取代分散经营模式，并开始形成多层次的多元化发展格局。

中国的经济连锁酒店起步于 20 世纪 90 年代中后期。市场经济的全面转型，推动了中国经济的蓬勃发展，商业的全面复兴，带动了人口的大迁移和文化的大交融。一方面，经济的活跃推动着小康社会的进程，大众旅游渐成潮流。二是随着民营经济的发展和商业的复兴，庞大的工薪商旅人群出现。对于这个刚迈进小康但仍在为生存生活奔波的主流群体，传统的设备豪华、装修考究、服务优良、价格高昂的酒店显然不是他们的首选，而提供清洁卫

生的客房、味美营养的早餐,交通方便,连锁经营的经济型酒店,逐渐受到其青睐。

1996年,锦江之星成为经济型酒店的开创者,正式拉开中国经济连锁酒店的序幕。2002年6月,携程旅行网与首都旅游集团正式成立合资公司,定名为"如家酒店连锁",如家酒店诞生。2005年,7天连锁酒店创立,汉庭连锁酒店第一家店试营业。中国的经济连锁酒店打破旅游酒店一统天下的局面,进入发展的黄金时期。如家和7天也成为经济连锁酒店的代表性品牌,备受消费者喜爱。

2011年9月,如家酒店第1000家店开业,完成单一品牌的千店布局;2012年,7天连锁酒店达到1132家店,会员达到4380万,步入发展顶峰,并逐渐形成寡头垄断的格局。如家、7天、汉庭和锦江之星拥有较高的市场份额。

曾几何时,出差旅游选择如家和7天是无数人的既定习惯,无论你走到哪里都能很方便地发现其颇具特色的黄色和橙色的大楼。但这一切,从2013年以来开始慢慢地发生转变。

一是单纯的一个普通的房间、一张床开始满足不了消费者的需求,消费者渐渐感觉到如家、7天似乎在一夜之间没有了档次,成为一个让自己掉价的消费场所。原本简约的风格变成了没有格调,原本实惠的价格变成了没有档次。消费者需要的不再只是一个简单的睡眠,而希望能有更多生活的享受,如家和7天旧有的标准化体系已经难以满足其要求。

大众化的出行没有改变,但住宿的品质需求更加强烈;基础化的睡眠没有改变,但精神化的享受需求更加强烈;品牌化的选择没有改变,但个性化的消费需求更加强烈。

二是新型主题连锁酒店成为潮流。7天加入铂涛酒店集团,相继推出咖啡文化与酒店结合的喆啡、定位潮人的ZMAX潮漫风尚、争取女性消费者的希岸,以及开店速度持续领先的丽枫。锦江集团在2013年推出了锦江都城品牌。还有亚朵、都市花园、青年·都市等,它们要么将酒店与艺术结合,要么将酒店与生态结合,要么在酒店中引入社交功能。不一样的主题都能吸引不一样的人群，独特的价值输出和文化共鸣让酒店不再是满足睡眠基础需求的一个房间，而是一种全面放松身心的场所。

如家、7天等传统经济连锁酒店已经剔除了所有的附加内容，只提供核心需求的产品，在激烈的竞争中，价格竞争成为唯一利器，不可避免地走入微利或无利时代。以如家为例，其2010年、2011年净利润分别为3.595亿元、3.515亿元，而2012年、2013年则分别亏损0.26875亿元、1.962亿元。一边是消费附加值的需求，一边是过剩的基础功能满足，如家、7天传统经济连锁酒店的逐渐衰落就是整个品质消费升级在住宿行业的反映。

超市的困境与社区店的繁荣

零售行业一直在"方便"这个本质特征上进化（见图1-8），早期的供销社是消费者唯一的选择，没有服务，没有多样化的品种选择，只能买到一些基本的产品。随后出现了大量品种集中的、以大品类为区隔的批发市场，相对于供销社，消费者拥有了选择的方便性，但没有距离的方便性。随着市场的发展逐渐出现了商场，其以相对好的服务、店面体验感和丰富的产品品种迅速成为主流业态，但商场是以柜台营业为基础，人和产品间并不能直接对接，进行深度体验。超市的出现真正地推动了零售的一次解放，消费者可以随心所欲地选购自己需要的产品。

供销社 ➡ 批发市场 ➡ 商场 ➡ 超市 ➡ 互联网+社区

图1-8 零售行业的演化过程

超市一度是零售市场的主角，但从2011年开始，传统的综合性超市就已经显露出品类危机。根据北京工商大学商业经济研究所的数据，2012—2015年，全国有138家百货关闭，262家超市关闭。中华全国商业信息中心发布的统计数据显示，外资超市从2012年开始陷入了危机。沃尔玛、家乐福、乐购等2013年开始出现关店现象，直到今天，已经无法再现昔日辉煌。

从2015年开始，传统百货与超市的衰退呈现加速趋势。据统计，2015年中国百货关店潮席卷了17个省市自治区、14个品牌、63家门店。

2016年上半年，在单体百货、购物中心以及2000平方米以上的大型超市业态中，22家公司共关闭了41家店铺，歇业店铺的营业总面积超过60万平方米。2016年12月，深圳老牌超市新一佳停业。

在传统百货和超市不断掀起倒闭潮的同时，一些新的零售业态呈现快速发展趋势。

一是便利店品类。根据贝恩公司和凯度消费者指数发布的《2016年中国购物者报告》，2016年，便利店继续保持良好发展态势，并预测2016—2020年便利店业态销售额增速在8%~10%。中商产业研究院整理发布的2016年连锁便利店大数据显示，2015年中国便利店行业销售规模同比增长7.6%，位居各业态之首。

在日本，便利店和超市的市场份额比例约为54%∶46%，而中国的这一比例目前大致是8%∶92%。

二是精品超市品类。精品超市是从超市中分化出的一个类别，品种比传统超市要少，面对的消费群比传统超市要高端，更偏向于专业化、精品化。

三是零售新物种的出现。以阿里"盒马鲜生"为代表的新零售物种，高度融合超市、农贸市场、餐饮、便利店的优势和特点，整合线上与线下，聚焦消费体验和高效配送，成为零售业新的发展趋势。永辉的"超级物种"、京东的"7-FRESH"、苏宁的"苏鲜生"都在2017年推出了雄心勃勃的发展计划。

中国传统百货和超市的困境，主流的观点归因于电商的兴起，于是，很多传统超市都纷纷走到线上，但运营下来并没有带来预期的结果。反之，原有的电商平台和传统超市正在疯狂地向线下便利店扩张。家乐福推出"Easy家乐福"便利店计划，已在华东部分城市开设37家店；永辉超市结盟红旗连锁，红旗连锁是A股首家便利连锁店企业，拥有2800家便利店；京东的"百万京东便利店"计划如火如荼；小米发布 3 年开出 1000 家"小米之家"的雄伟计划；阿里宣布其"零售通"要覆盖 100 万家零售小店。

其实，传统超市是典型的大众化市场零售模式，它所赖以生存的环境是，消费者的需求与购买行为是统一化、同一化的。但在今天，我们买酒进了烟酒专卖店，买水果去了水果连锁店，买面包去了面包连锁店，买蔬菜去了生鲜连锁店，买化妆品去了化妆品专卖店，越来越多的细分品类成为专卖，这些业态进到了社区周围，更加方便和专业。传统超市便从主流演进到只能满足部分中老年人群和中低端人群，慢慢老化。

KTV 的没落与体验馆的崛起

KTV 是一个时代的记忆。在 20 世纪，70 年代的消费者只需要一台露天的唱吧机，一个带线的麦克风；80 年代的消费者热衷于寻找一个包间，享受争抢点歌机的麦霸，自豪于屏幕上的歌唱分数；90 年代的消费者需要豪华包厢，品小吃喝小酒，享受各式的服务，唱歌已不再重要，需要的是狂欢。

KTV、影院、电玩城曾经是商业中心的标准配置，是吸引人流和夜生活的首选，再加上遍布大街小巷的休闲中心，支撑起起城市娱乐业的大厦。

而这一切，对于越来越年轻的消费群体，吸引力正在弱化。KTV 成为老朋友聚会偶尔光顾的场所，人们不再喜欢这些吵闹与喧嚣的环境，而更青睐于清净的茶室，或是超强刺激的体验活动。从 2014 年下半年以来，京沪广深陆续出现连锁 KTV 批量闭店现象，到 2015 年上半年，重庆、大连、西安、武汉等二线城市的闭店潮也开始加速蔓延。2015 年 7 月，万达集团旗下大歌星量贩式 KTV 在全国范围内的 80 多家门店集体谢幕。

但同时，我们也看到了迷你 KTV 的出现。其抓住碎片化消费人群的特点，没有地域、场地与服务人员的要求，消费者不仅可以在此自娱自乐，还可以自己编辑、复制，在朋友圈分享 K 歌的经历。

我们更看到了运动馆的蓬勃兴起，看到了娱乐体验乐园的加速繁荣，看到了VR与电竞体验的参与热情，看到了大型游乐园的火爆，看到了各类航空体验节目的诞生，看到了演艺剧场逐渐流行。2015年4月~2016年3月，中国健身房最多的前十大城市中，有8个城市的健身房数量增长超过50%；2016年，中国的电竞用户规模达到1.7亿人，市场规模超过了300亿元；2011—2014年，中国文化娱乐产业固定资产投资连续突破3000亿元、4000亿元、5000亿元、6000亿元。

位于上海大宁国际商业广场的亲子微剧场，每天都会上演全球最优秀的儿童剧，平均上座率高达82%，排长队成为既成的惯例。

重庆龙湖时代天街的玄影空间卡丁车俱乐部，采用意大利的赛道、比利时的系统、法国的纯电动赛车，打造出亚洲第一条拥有意大利国际A级赛道、国际五星标准防撞设施的卡丁车场。

位于上海新天地的冰川主题探索馆，占地1200平方米，集冰雕展示、史前动植物标本展示、创意互动为一体，打造出虚拟又真实的冰川世界。冰上自行车、冰上碰碰车、体感滑雪游戏、冰上酒吧、冰上美食应有尽有，不断刷出超高人气。

北京朝阳大悦城的奥秘世界VR体验馆，有30多款风格迥异的真人密室逃脱游戏，已在全国开了超过40家店，成为所在地吸引人流的主力业态。

广州正佳广场的极地海洋世界，投资6.5亿元，设置22个主题展区，拥有500种、超过30000只极地海洋生物，成为华南超人气的地标建筑。

在重庆爱琴海购物公园，设有国内首家航空主题儿童体验中心。拥有云间探秘、爱涂客画廊、飞行初体验、飞翔家研究室、太空探索及衍生品制作六大主题。在这里可以体验航空游乐竞技、互动模拟飞行体验等科技项目。

大众运动馆已经成为购物中心吸引客流的新宠。赛车场、马术场、高尔夫体验场、击剑馆、滑雪馆、蹦床体验馆，这些运动馆面向所有人群，用于强健身心，提升修养。

娱乐体验店已经成为商业中心新型娱乐的主流。各种3D体验、科幻游乐、科技体验、森林探险、儿童主题园、室内动物园，以现代科技为手段，以科学体验为内容，以青少年和儿童为目标市场，培养消费者探索的勇气和精神。

随着互动、体验、科技为代表的新娱乐业蓬勃发展，KTV、电玩城等原有娱乐模式吸引力不再。这是体验消费、艺术素养、圈层价值的必然体现。

第二章　盛世下的品牌迷茫

> 这是一个消费全面复兴的时代，我们的市场被全世界窥探和眼红，我们的消费足迹遍布全世界。这也是一个前所未有的迷茫时代，收入的增长与幸福感的降低，购买力的增强与生意的难做，无穷的机会与难以享受到的机会红利，财富泡沫的狂欢与实体品牌的艰难，相生相伴，让人充满困惑。

2016 年中国 GDP 达到 74.4 万亿人民币，改革开放 40 年成为中国历史上财富创造的黄金时期。

这是一个消费全面复兴的时代，我们的市场被全世界窥探和眼红。我们的消费足迹遍布全世界，"买买买"成为中国消费者的标签。我们的很多产业都走向过剩，物质产品供给极大丰富。

然而，我们却正在经历前所未有的迷茫，感受到从没有过的压力，充满着无以言表的内心矛盾。我们的收入越来越高，幸福感却越来越低；消费者的购买力越来越强，我们的生意却越来越难做；我们成了国外高档消费品的消费主力，自己的经营利润却越来越薄；我们拥有的机会看似越来越多，享受到的机会红利却越来越少；我们都疯狂地追寻着财富的泡沫，却不断抱怨泡沫破灭带来的恶果；我们都懂得实体经济才是国家的未来，却在深刻体会着实体经济赚钱的艰难。

这一切都源于消费需求与企业供给间形成了巨大的落差。消费者真正需要的东西买不到，现有的物质产品和公共服务没有超越消费的期望；供给方 40 年来成功的经验和一贯的做法不再有效，面对新的环境显得无所适从；新的技术层出不穷，产业的迭代迅速而猛烈，人们难以跟上迭变的速度。

　　资本的肆虐，利益的短视，心态的浮躁，规范的缺失，经验的缺乏，信用的不足，观念的落后，所有的要素聚集到一起，形成了供与需的巨大矛盾。很多新型企业"追逐概念、不求价值"行骗术，很多传统品牌"价值空心和老化"跟不上潮流，很多优质品牌"不重视场景体验的营造"让价值贬值，很多品牌"只顾赚钱不顾消费感受"让市场生态受到破坏，不一而足。

　　简单粗暴的方式已经无法得到消费者的认可，具有强大综合能力的品牌才能赢得消费者的忠心。新的市场环境下，任何一个品牌都将是能量、场景、生态的完美组合，只有"场景塑造"没有"内在能量"的品牌能得到暂时的追捧，但无法具有持久的竞争能力；只有"内在能量"没有"场景氛围"的品牌具有生存的基本能力，但无法成为市场流行的风向和标杆。能量不聚合会加速品牌力的衰减，能量不充足就形不成品牌内在的力量。

风口飞起的概念潮

　　当我们过度追逐概念，迎接风口的时候，我们必然忽略用户的真实需求。如果我们不是从用户的需求实际出发，而只是盲目追逐行业的一些改变，即使我们踏上了风口，成功也只是一种奢望。

并不是站在风口就能飞

　　即使是一头猪，只要站在风口，也能飞起来。在本已浮躁的国人心中，这句话不知点燃了多少人的激情，仿佛一夜之间找到了人生的方向，有了指路的明灯。于是乎，所有的企业、所有的人都开始寻找风口，以为自己就是那头猪，等着迎风起航，幻想一夜暴富的神话，乞求改天换地的商机。

　　有机会就有生意，市场便出现了专门的风口布道者，寻找风口，包装风口，传播风口，树立起一个又一个风口的神话，吸引着人流、资金流蜂拥而至。

当风口变成潮流，就成为浮躁与投机，巨大的诱惑使人迷茫，决策不再理性。大量优秀的企业在风口的诱惑下多元化扩张、盲目地转型，最后风口没赶上，主业受影响；大量的创业者追逐风口的财富，多数还没有飞起，少数刚起飞，风一停便重重地摔下；无数的投资者在风口上挥洒金钱，最后钱飞走了，猪没动。

现在最时髦的不是去开发什么技术，生产什么产品，解决什么消费痛点，而是创业、投资、新三板，是如何寻找一个概念，圈钱上市，兑现减持。

粉丝热潮已经过去，网红经济又来；O2O多年未见起色，新零售便接踵而至；VR正如火如荼，P2P已布满血泪；石墨烯将是下一个掘金点，无人机正在飞起来；微商还没拯救企业销售，众筹的许多咖啡厅餐饮店已经倒下。每一个概念的出现，都会经历概念提出、包装、宣讲，然后一哄而上，最后失落而归。

咖啡厅的高谈阔论，挤上媒体头条的费力展示，发布会上用PPT勾画的远大前景，成为风口衰落者们的根本特征。他们压根不去考虑市场需求，完全依靠风投机构投资烧钱，以捞一把就走的心态去斩获短暂的名和利。

乐视，中国新商业模式的一面旗帜，生态营销的企业标杆。一个依靠不断的概念创新建立起来的商业帝国，一个充满激情和理想主义的让人捉摸不透的企业。从乐视体育起步，相继推出乐视手机、乐视电视，布局乐视汽车。

在乐视身上，拥有"平台+内容+终端+应用"的完美生态营销概念，它是"互联网+"的积极推崇者，满满地贴着"互联网金融""云计算""新型影视娱乐""创业板第一股"的标签。乐视凭借对风口的敏锐嗅觉和创造概念的天赋，通过洗脑般的传播，打造了一个又一个新经济的神话。当时间跨入2017年，乐视却在一夜之间轰然倒塌，没有任何防御能力和求生的资本。

乐视的悲剧是必然的，它从诞生之日起便注定了今天的结局。

1. 唯生态营销论，忽略企业竞争本质。

在粉丝营销、互联网生态的概念诱惑下，片面地认为只要拥有了知晓企业和品牌的群体，就能够通过不断地提供产品得到源源不断的销量。完全视营销竞争的本质于不顾，忽视消费者能否选择和消费一个产品取决于对产品品质的认知、对品牌心智的认知、对技术竞争能力的认知。

2. 唯资本万能论，忽略心智占有的品牌铁律。

美其名曰乐视生态，其实是一群毫无关联的生物个体，既无法聚焦资源形成合力，又无法连成一片，相互支撑。在一个品牌竞争完全成熟、消费者高度关注品牌的手机、电视、汽车市场，仅依靠大量的资本输血永远也无法打开消费者的认同心智。当我们无法说服自己去接受一辆乐视汽车的时候，也就宣告了乐视汽车就是一个没有市场基础的"空中楼阁"。

解决用户的真实需求才是根本

所有的风口追逐者都高估了外因的作用。事物的发展核心是由内因决定的，外因只能起到加速或延缓的作用。企业是否适合风口，由企业本身的产业特质、团队优势、技术积累等决定。如果企业品牌本身在风口行业无法获得消费者的认同，即使拥有很强的营销能力和风口运营能力，也无法实现概念到消费的转化。一个传统制造企业去做互联网金融注定是失败；没有任何技术积累的小米去做无人机，结局就是在产品发布会上当众"炸机"；乐视可能到今天也没有调查过是否有消费者敢买、会买、愿意买它的汽车。消费者购买决定是根据品类心智而不是企业名气，精神成本与产品选择上的心理机会成本通常会让消费者望而却步。

所有的风口追逐者都低估了竞争的残酷。风口本就是一群通过做大行业影响而提升项目溢价的投机者塑造出来的，在逐利思潮下，只要是风口，一定有大量的投资者、经营者进入。当一个机会在短时期内聚集大量的企业参与，其竞争的惨烈可想而知，也就不成其为风口了。除非拥有强大的资本后盾，否则挺过风口的萌芽期都难。昔日的专车市场，今日的共享单车，正在免费、低价的斗争中血搏。我们相信，无论是摩拜、ofo还是其他品牌，最后成功的一定是在单车产品本身、在单车管理本身、在物联网技术本身有独特创新的品牌，而其他的绝大多数品牌都将成为斗争的殉葬品。

事实上，既然是风口，就是一阵风。风口对于小打小闹的新创企业无疑是一种机会，但对于已经成长或者成熟的企业不过就是一个社会现象而已。无论你是生产彩电还是种植蔬菜，无论你是提供餐饮还是开展培训，有风口你可以去看看，没有风口你照样要生存。

作为一个企业，一个组织，你要活下来、要发展下去，唯一的出路是持续满足你的用户的现实需求，持续地挖掘用户和市场的新需求，不断解决用户需求变化中产生的新问题。市场和用户是企业发展的唯一试金石，捞一把就走的食利者、投机者、操纵者，在法制越来越健全之后，腾挪的空间、吸血的机会将注定越来越小。单一的概念包装能够构筑强大的场景，却不能聚合品牌的能量，品牌也就不会具有持久的竞争力。

财大气粗的品牌梦

当市场竞争的重心从营销转变为占据消费者心智后，企业的品牌定位和坚守以定位为核心的系统营销就显得尤为重要。今天的市场已经不是简单靠几个点子、几个战术就能成功的，离开了对定位本质的认识和对定位策略的系统应用，离开了品牌气质的成功塑造，品牌的竞争将更加艰难。

中国很多品牌从形象识别时代走向传播认知时代是依靠钱砸出来的，"标王"是那个时代的标志。能否占有强势媒体、是否具有足够的资金实力、能否在最短时间内获得公众认知是这个时期打造品牌的关键，因为高端的媒体本身就是一种势能。直到秦池折戟，爱多铩羽，才走向整合传播、分众传播，并在互联网的技术推动下走向社会化传播、自媒体传播。

今天的信息传播内容无限、手段无限，消费选择严重分化，消费的需求日益社会化,这就要求品牌传播必须是聚焦而持续的。不能打动和感动用户的轰炸式传播就如同过眼云烟,无法引起任何骚动;不能在消费者心中形成正面、稳定、高价值联想的传播,只会扰乱其消费心智、模糊其消费认知而使其无从选择。开拓市场需要大规模投入以提升势能,但若没有稳定而强大的品牌理念,再大规模的传播也无法打造出品牌的气质。

恒大冰泉的血与泪

2013年年底,恒大吹响了多元化号角,推出恒大冰泉,计划2014年销售100亿元,2016年达到300亿元,这成为年度最有影响力的营销事件之一。

恒大冰泉高举高打,高调营销,却没有取得预想中的辉煌。一场具备了足够资金火力、产品力和传播力的大手笔产品运作,最终却交出了一年亏损23.7亿元、累计亏损40亿元的巨亏业绩。

2016年,恒大结束快消品领域的跨界之旅,以57亿元出售所有快消品产业,恒大冰泉包含其中,以18亿元出售。

恒大冰泉其实没有失败的理由。按照正常的营销逻辑,恒大冰泉具备成功的一切条件。虽然从地产跨到快消品,市场环境和经营模式完全不同,恒大在矿泉水的营销中仍然留下了地产营销的影子,这种思维直接嫁接在两个不同产业中可能会水火不容,但这不应该成为恒大冰泉失败的本质原因。

恒大冰泉有好产品。一个好产品是营销的基本前提。水域资源是矿泉水产品的核心,依云占据了阿尔卑斯地域资源,西藏5100占据了冰川雪水资源,农夫山泉占据了千岛湖水资源,恒大冰泉第一个抢占了长白山水资源。

恒大冰泉有大财力。水市场已经是一个高度成熟、竞争异常激烈的市场,任何一个新手进入,除了好产品,强大的资金实力是必需的保障。恒大出手,国内水市场的企业无人能及,属于中国快消品行业绝对的实力大佬。

恒大冰泉有大传播。一个新的企业、新的品牌,进入一个高度成熟的市场,迅速通过大传播建立消费认知、形成消费关联是一种最快的推广方法,而新闻传播、借势营销又是传播中最有效的。先是2013年11月9日晚上,中国足球史上第一个俱乐部亚洲冠军在广州诞生，恒大冰泉跟随冠军球队恒大队一起受到万众瞩目，一时间几乎全民皆知。广告电视、网络传播、终端促销的迅速跟进，使恒大冰泉的知名度在短短的几个月内便进入行业的前列。

有长白山水域资源赋予的产品力，有水市场红海竞争中相对高端市场的价格力，有大知名度带来的迅速招商和市场布局的渠道力，有巨大财力支撑的大广告带来的传播力，恒大冰泉具备了营销4P竞争的后发优势。

恒大冰泉的失败是"能量耗散"的结局

产品供过于求，市场竞争激烈，信息纷繁复杂，任何一个品牌如果不能在消费者心中树立一个稳定的印象，给消费者一个不可取代的理由，那么再强大的产品力，再有优势的渠道资源，再大范围的传播，都无法赢得消费者的心。

品牌形象的混乱和模糊，是恒大冰泉品牌战略一直未能解决的问题，并最终在盲目的、不断变化的策略交替中彻底地将自己从消费者心智中抹去。恒大冰泉定位为矿泉水市场的中高端，定价为4.5元一瓶，高端、品位、稀缺应该是恒大冰泉的核心价值和品牌调性，恒大冰泉的所有营销策略都必然围绕这个核心价值展开，否则会让消费者对恒大冰泉的认知失去焦点，对品牌形象认知模糊，对品牌价值印象混乱。

1. 错误的竞争对标策略。

恒大冰泉为了强调品牌差异性，营造高端产品的信任环境，上市之初提出了"我们搬运的不是地表水"的核心品牌诉求。所有第一次听到和看见这句广告语的人都会自然地想到另一句广告语"我们不生产水，我们只是大自然的搬运工"，在多年的广告传播中，"搬运"一词已经与农夫山泉一起牢牢地占据了消费者心智。恒大冰泉在广告语上与农夫山泉的自然对接，便无可辩驳地在消费者心中将两者划归到了一个类别。而恒大冰泉的定价是农夫山泉的2倍以上，一个高端品牌选择了一个低端品牌作为竞争标杆，必然是拉低自己的身价而抬高对手的身价。

2. 失去强化定位的最佳时机。

恒大冰泉在短暂的时间内便发现了竞争对标的问题所在，将品牌诉求改变为直接地定位传播"长白山天然矿泉水"，应该说，对于成熟市场的后来者，先将定位传播出去，形成差异化的价值认知是正确的策略，但恒大冰泉在整个营销体系和推广体系中并没有集中资源最快速地去抢占和强化这个资源。这对于已经在水市场经营多年、以营销见长的农夫山泉无疑是巨大机会，农夫山泉迅速推出了巨型的实景式、故事性的广告专题片，用一个工程师在长白山寻找水源的故事，情理结合，打动了消费者的心，将长白山水源与自己形成连接，从而打乱了恒大冰泉的心智占有计划，而且处于明显的上风。

3. 混乱的品牌代言策略。

为了改变定位的弱势，恒大冰泉充分利用财大气粗的先天优势，开始了雄心勃勃的品牌代言策略。短短的一年多时间，先后启用了里皮、成龙、范冰冰、全秀贤等各界明星，希望借助明星效应迅速形成粉丝群体，更希望通过不同的明星而占有不同的消费群体。

明星是具有性格的活生生的人，明星代言必然会赋予品牌人格化特征，不同的明星有不同的人格化特征，也就有不同的受众群体。

随着不同年龄、不同性格、不同形象的众多明星的代言，恒大冰泉渐渐失去了在消费者心中的原始印象，整个品牌形象和目标受众变得异常混乱和模糊，消费者无从辨别到底自己是否应该消费恒大冰泉，更容易因对不同明星印象的矛盾心理而选择放弃消费。

4. 高端的稀缺价值荡然无存。

在不断的烧钱过程中，恒大冰泉也在不断地调整品牌诉求，为了打开全球市场，成为世界品牌，2014年，"一处水源供全球"的广告语横空出世。本来以稀缺、高端为基本支撑的恒大冰泉品牌，转变为以数量取胜的品牌诉求。化解量的比较，强化稀缺价值才是恒大冰泉的基本策略，当它将竞争重心强调为"量"的开始，意味着对高端品牌认知的放弃。随后，正如市场表现和消费者反馈所体现出来的，恒大冰泉渐渐失去了优势，成为一个无所适从的市场搅局者。

　　传播一直是一个需要花钱的行当。只要"知道"还是"认知"的前提，"认知"还是"购买"的必需，通过传播让消费者知道你就是一道跳不过去的坎儿。在追求覆盖率和到达率的传播效果中，广告，尤其是大众广告充当了首要的角色，媒体的稀缺带来了传播费用的高昂；在互联网兴起之后，受到互联网低成本传播的诱惑，无数企业将互联网传播和自媒体传播当作救命的稻草，最后发现，互联网传播并不像他们所了解的那样价格低廉，反而烧钱更加厉害。大众传播时代，所有人都担心广告费用浪费到哪去了；而互联网时代，所有人都无法预估，广告投进去能激起多少反响。这些广告虽然精准但缺少力度，远没有大众媒体焕发出的强大势能。

　　在传播价值越来越难以把握的时候，无论是传统还是现代媒体，钱都与传播的效果有直接的关系。但在今天，好的传播已不是单纯用钱能解决的问题，如果没有适合新的品牌环境所要求的品牌策略，没有适合目标受众群体强大的品牌气质，花再多的钱，只会让受众在复杂的信息中无所适从，而其轰炸式传播的影响更是扰乱消费认知，根本无法激发受众的消费欲望。

　　没有内在的势能就不可能有持久的场景。将时间回到10年前，那时广告的声音越大，出现的频次越多，打入人们头脑中的烙印越深，对品牌的信赖感越强；而如今，当你没有明确的受众和一致的言行，声音越大反而越扰乱视听，品牌的能量就会因分散而衰弱。

　　恒大无论是足球还是地产，都是依靠传统媒体的无节制传播成功的。当它把这种策略直接搬到作为快销品的水上，并以一种"有钱且不动脑子的任性"来野蛮运作市场时，必然是浪费传播的金钱，吃下自种的苦果。粗放而简单的传播，无法聚合起消费者内心的渴求，无节制的策略更换更是让消费者感到无聊和压迫，只能远离和放弃。

盲目跟风的电商泪

从社会角度来讲，互联网实质是一种基础设施，就如同电力、交通等基础设施一样，形成一种共有资源，这种资源将改变人类生存、生产、生活的方式，其本质是连接，只不过电力连接的是能量，交通连接的是地域，互联网连接的是数据。

从连接的本质出发，中国互联网的发展经历了三个阶段，目前正在走向第四个阶段。

第一个阶段为起步阶段，核心内容集中在人与信息的连接，主要表现为电子邮件、门户网站等，由于网民还不成熟，也还不习惯，互联网本身的技术也不成熟，经历了一轮互联网泡沫，大量创业企业破产，但是这一轮短暂的风暴让互联网思想深入到社会，播下了种子。1997年中国网民人数为62万，到2004年，中国网民总数达到8500万人，形成初步的网民规模。

第二个阶段为发展阶段，核心内容集中在人与交易的连接，主要表现为电子商务的飞速发展。阿里系开创了这个时代，也成为这个时代的最大成功者，建立起了在中国乃至全球电子商务市场的领导地位。当当、慧聪、淘宝均在各自领域建立了优势，一个产业兴起到繁荣，成为全新的营销模式。2010年，中国网民突破4亿人，中国电子商务交易额突破4.5万亿元，其中网购规模超过5000亿元。以百度为代表的搜索引擎在这一阶段将人与信息的连接推进到一个新的高度。

第三个阶段为深入阶段，核心内容集中在人与人的连接，主要表现在移动端即时通信的兴起。人与人的连接是互联网最具有革命性的一步，将真正构筑起互联网以人为本的商业生态。腾讯是这个阶段的代表，2011年，微信诞生，短短的5年时间，腾讯在智能手机的相互成长与促进中，将整个网民群体从PC族转变为手机控。这一阶段，自媒体加速了人与信息的连接，电子商务继续爆发式增长。到 2015 年，中国网民总数达到 6.68 亿人，其中手机网民达到 6.2 亿人，占到 90%；同年，中国电子商务规模突破 16 万亿元，超越美国成为全球第一，其中网购规模达到 3.8 万亿元。

到第三个阶段，基本上整个社会进入了互联网阶段，互联网不仅催生了大量新型的创业企业，而且让互联网成为传统企业转型升级的指路明灯。随着"互联网+"成为国家战略，中国正式进入全面的互联网时代。

万物互联，无疑会真正地将物流、商流、信息流与人高效连接起来，推动整个社会进入互联网时代的巅峰。

传统企业转型的无奈

当大量互联网品牌不断改变产业格局，实现超常规发展，在资本市场受到无穷青睐的同时，大量的传统企业抓住契机，纷纷开始转型，并将互联网立为转型的目标和路径。然而，无论是曾经的互联网传播和自媒体运营，还是后来的互联网销售与微商的崛起，直到今天的"互联网+"和万物互联的开启，互联网思维和电子商务并没有给中国传统企业带来实质的改变和实现所期望的转型，相反，许多企业在互联网战场的冲锋中损失惨重。电商，成为传统企业期许的却始终难以企及的梦。

纵观今日互联网版图，真正借助互联网成功的企业只有三类，一是平台型公司，它们不做具体产品，而是打造互联网服务的销售平台、信息平台和沟通平台，如阿里、百度、聚美优品；一是小型的创业企业，依靠新的模式实现快速发展，如三只松鼠；一是产品平台型企业，如小米，依靠某款产品实现原始积累，依靠资本市场实现资本积累，然后迅速实施多元化，向平台公司转变。大量的传统制造企业和品牌企业，真正获取到互联网红利的屈指可数。

当剁手族们在淘宝上尽情享受时，他们永远也不知道他们所购买的产品是来自于大企业还是小作坊，是淘汰货还是正品货。曾经疯狂的淘宝村正面临越来越大的盈利瓶颈和发展瓶颈，这些难以确保产品来源的销售团体正逐渐退潮。

究其原因，传统企业的互联网转型，是在还没弄清楚互联网为何物时，未摸到石头就下了河。说白了，大量的传统企业是在"互联网营销低成本传播，低成本销售，一本万利"的蛊惑中进入互联网营销领域的，它们正遭受着传统模式销售下滑、销售费用逐年高涨的巨大压力。它们以为建一个垂直电商，开一个博客或微博，借助于淘宝与天猫，便能走上业绩腾飞的康庄大道。一旦进入才发现，有流量未必有交易，对于消费者的每一次光顾和点击都要付出高昂的成本，天天的促销活动赚取了销量却失去了利润。

它们远没有考虑到，自己没有成熟的团队，外包运营成本巨大，单靠建立一个互联网部门并不能解决问题。它们也没有考虑到，线上的低价模式会对传统的线下渠道形成巨大的冲击，影响到整个市场秩序的稳定和品牌形象的维系。

任何产业和模式都有自己的规则和优势，对于传统企业，不能仅仅看到互联网对各类产业摧枯拉朽式的介入，更需要认真分析自己的业务，扎根于自己的业务体系中，寻找到可以嫁接互联网的地方，只有从自身优势出发，才是独特的、具有竞争力的；同时，互联网决不是一个免费的福利产业，以烧钱为特征的互联网化对于传统企业来说，不是花钱去买毫无价值的流量，而是用互联网产品所塑造的价值去吸引客户使用，从而产生收益。

当"互联网+"被盲目利用

"互联网+"的本意是期望让各行各业都能够抓住互联网技术革命的风口，运用互联网技术提升效率，强化管理，优化业绩。

然而在投机氛围笼罩下的商业竞争中，"互联网+"被当成可以包治百病的灵丹妙药，被当成能够颠覆一切的万能工具。一时间，只要绑上互联网，便能够包装出一个全新的模式，从而得到投资者的认可，融到大笔资金。"互联网+"，加出了无穷的泡沫。

互联网+人，便成了网红，混个脸熟就可以融资上千万，自媒体刷上个排名也可以被估值数亿；用互联网+煎饼果子，便能喊出年销售超过1亿元的宏伟目标；从没接触过餐饮的人用互联网思维开个肉夹馍小店，就达到4000万元的估值……

P2P，仅将金融领域基础的传统业务搬上互联网，搭建了一个平台，便被当成即将颠覆金融行业的新模式，直到泛亚折戟，e租宝瓦解，几百亿资金成为黑洞，所有的人才恍然大悟。金融业是一个高度专业和系统的领域，几个人仅靠一点互联网知识，根本无法深入到金融的实质，除了吸收资金、发放贷款，他们没有任何创新，连最起码的风险控制体系都没有。

2017年，大量"互联网+"企业掀起倒闭潮，主要原因不外乎以下几个。

无差异：京东酷卖为二手交易平台，主要经营的是二手手机、3C产品和母婴、个人化妆、食品保健产品。2017年2月上线，由于没有形成差异化的售卖模式，2017年6月结束运营。

伪需求：彼岸是一家提供寿衣、骨灰盒等殡葬用品销售和葬礼、筛选墓地等殡仪服务的电商，采用线上引流、线下体验的模式，曾获得天使投资人的天使投资。由于营销成本高、消费者接受程度不够等多重因素，经营难以为继，2017年4月，彼岸关闭了网店和开在北京的三家连锁门店，结束了近4年的运营。

难盈利：借卖网主要给卖家提供从货源开发到全球物流配送的一站式后勤服务解决方案。卖家无需实际采购，只需在借卖网上预订产品，借卖网为卖家保留库存，直到卖家将产品成功售出，再到借卖网下单支付费用。该平台2015年度亏损425.2万元，2017年3月倒闭，负债2530.09万元。

乱跟风：悟空单车跟其他共享单车的模式相似，用户通过手机APP扫码取车，付上押金99元，即可骑走单车。悟空单车2017年1月7日开始对外运营，此时ofo共享单车已经运营一年半，摩拜共享单车正式运营超过半年，ofo和摩拜等企业已经占据大部分市场份额，悟空单车难以形成规模，在持续烧钱且账上余额所剩不多的情况下，2017年6月停止运营。

重资产：友友用车的前身是友友租车，后以P2P模式切入私家车共享，转型之后的分时租赁需要购置大量的新能源汽车，属于重资产操作模式。从轻资产运作到重资产运营，友友用车在组织架构、人员配置、资金以及运营经验等方面没能支撑起企业运营的实际需求，在烧完 2000 万美元的融资后，2017 年 3 月人去楼空。

行骗局：优库速购以高额返利吸引消费者到商城购买商品，其商品根据价格的不同被划分为新人专区、速购专区、库购专区、平价专区四大类，其全额返现周期分别是 6 天、10 天、20 天、100 天，每天等额返还，而且商品普遍要比市场上的售价高出好几倍。优库速购 2017 年 1 月才成立，3 月 13 日就跑路。因涉嫌传销，被数千名消费者举报，微信公众号被封。

其实，无论互联网多先进，它就是一个工具，互联网丝毫无法改变行业的本质，更无法改变产品的本质。车子依然是车子，馒头依然是馒头，如果离开具体的行业、具体的品牌、具体的企业，单凭一个互联网概念，决不可能颠覆一个产业，尤其是需要深厚技术积累、具有专业要求和历史沉淀的产业。

随着众多传统企业在互联网营销的战场上折戟，它们逐渐认识到，决定互联网营销成败的仍然是产品质量，仍然是消费者对产品的体验，仍然是拥有良好信誉的品牌，仍然是卓越的消费服务。互联网营销只有在充分嫁接企业传统优势的基础上，才可能取得成果。

O2O 就是这种深度思考后出现的新趋势，线上与线下的分离造成了资源的浪费和策略的分离，只有充分的整合和连接才能最大化地发挥优势。成熟的线上运营企业开始"互联网+"，渗入线下，京东建立了遍布全国的配送队伍，小米开始重视线下渠道。传统企业要实施改造升级，成功转型，引入互联网思维，必须是基于已有的线下优势，夯实自己的根基，任何投机取巧都将会导致血本无归。

对于已经拥有成熟的运作模式、固有的运营经验的传统企业，互联网带来的是一种技术，一种基础设施，一种完全不同的营销方式和管理方式，也是一种全新的思维模式。传统企业需要考虑的不是用互联网来改变现有的一切，而是应该思考自己的产品、自己的渠道、自己的管理适合什么样的互联网模式。任何一种放弃固有优势的模仿和创新都将面临巨大的风险，而只有通过新的方式的应用强化和提升自身固有的优势才可能获得成功。

供给过剩下的海淘风

海淘是近两年才开始出现的一个热词，本指通过互联网检索海外商品信息，用电子支付手段实现支付，用国际快递送货的跨境购物。海淘的兴起得益于日益便捷的网络购物渠道、国内消费者购买力的提高和人民币国际支付能力的增强。

随着出境热和出境购物热的兴起，现在习惯上将互联网境外购物和消费者出境实地购物统称为海淘，即海外淘购商品。

冰火两重天，海淘欣欣向荣

一边是国内商品的过剩，一边是海外购物的兴盛；一边是国内企业感受到业务越来越难做，一边是海外抢购潮不断冲击眼球；一边是国内商人抱怨高品质产品难卖，一边是国人成为国外高价产品的购买主力。

根据天下网商的数据报告，2013年，海外代购市场的交易规模为767亿元，比2012年增长了58.8%；2014年，海外代购交易规模超过1000亿元；2015年交易规模达到2478亿元；预计2018年将达到1万亿元，形成3000多万人的海淘族规模。

从欧洲、美国、澳大利亚到亚洲的韩国、日本，代购化妆品、服饰、奢侈品、奶粉等已经成为一个相当火爆的产业。越来越多的海外华侨华人、留学生把代购当作一种职业。"代购"作为一个新词汇逐渐进入欧美媒体的话语体系。

跨境抢购更是成为国人购物的一大特色。

1. 奶粉抢购惊动全球市场。

受三聚氰胺事件的影响，不仅国内奶粉进口量猛增，去境外购买奶粉也成为一种潮流，中国的奶粉抢购大军遍布了全世界。突发抢购引发网站瘫痪，集中购物导致超市货架空空，中国消费者的大肆扫货，激发了全球范围内的限购潮。

2012年6月，美国的Target、Walmart等大卖场发布了奶粉限购通告；9月，作为世界主要奶源地的新西兰也开始限购；10月，澳大利亚的多家大型连锁超市、药房贴出中文限购标示；2013年初，德国的大型超市DM对当地的婴儿奶粉特福芬和喜宝等实行了限购；同时，荷兰各大超市、百货店、药店也进行了自发的限购。

2. 马桶盖、电饭煲的自由行。

2015年春节45万名中国游客赴日本购物消费近60亿元，其中马桶盖成为热销品。日本智能马桶盖于1988年上市，目前普及率达到95%。国内智能马桶盖的普及率还不到3%，中国现在一年生产100万～200万台的智能马桶盖，大部分出口到日本市场，而被国人抢购的马桶盖主要生产基地就在中国。

日本昂贵的电饭煲也成为中国游客的抢购重点，无论是在乐天、日本亚马逊这样的电商网站还是在日本当地的实体店，主流电饭煲的价格都在人民币5000元左右，高端电饭煲售价甚至在10000元以上，但是每天都会有大量中国游客专程前来采购。

在中国游客的刺激下，日本的空气净化器、美容仪、吹风机、电动牙刷、保温杯、陶瓷菜刀等都成为热销品。

3. 世界市场的中国消费。

中国人有超过三分之二的奢侈品消费都是在国外进行的，在十几年前基本不存在奢侈品消费的国家，当今对全球个人奢侈品市场的消费贡献已经超过30%，而随着2012年中国政府开始打击腐败和挥霍性消费，全球奢侈品市场的消费增速也应声下跌。

2017年，随着中国旅韩游客的减少，韩国旅游业，酒店业，免税店销售业损失惨重。据估算，2016年韩国免税店市场规模为12.27万亿韩元，72%由外国游客掏腰包，大部分为中国人。以中国游客购买额占70%计算，金额大致为8.6万亿韩元。如果中国游客减半的情况持续一年，韩国免税店销售额将减少4.3万亿韩元。

中国制造的强大与尴尬

海淘风的兴起和抢购风的出现，是在中国各行各业产品供给过剩、销售乏力的环境下产生的，我们拥有世界上最大的产品生产和供应能力，但我们的产品却无法满足今天消费者不断变化的消费需求。

一方面，不断出现和曝光的产品质量问题严重挫伤了消费者的信任感，在其心中形成了对"中国制造"的深深的怀疑和恐惧。另一方面，消费者对产品的功能、设计美感和智能要求越来越高，而我们的产品在低价思维的主导下仍然停留在原有的工艺水平和消费档次。低价使我们的企业没有能力投入去了解消费需求，去研发设计有竞争力的产品。追求量的习惯性思维使我们的企业根本没有意识到消费者对性价比的需求转换，无法引领消费生活品质的提升。

随着经济的发展，国人的生活质量稳步提高，对卫生条件、食品安全的要求也在提高，自然会追求能提高生活质量的先进产品。长期漠视市场需求和消费体验，只关注产品的数量、规模，忽视质量、服务是国内市场的普遍现状。由于市场观念的落后，我们的产品已渐渐跟不上消费者的需求节奏。

无论抢购的是马桶盖还是电饭煲，这些产品已经远远超越了其本身应该具有的基本功能。功能的完善、科技的应用、对深层需求的发掘，让这些产品成为一种文化，一种生活方式与格调。也许有一天，在这些产品的引导和启发下，厕所不再是一个脏和臭的场所，做饭不再是一个苦和累的差事，这种改变已经不是单纯靠制造所能解决的，而是取决于整个价值链的升级。

粉丝营销的起与落

2009年12月8日，在国内最大的真人秀互动直播社区平台六间房秀场吧，孵化出了"粉丝经济"这个词，当时一大群铁杆粉丝，买了大量的鲜花来表达对主播的喜爱，从此掀起了娱乐业的粉丝大潮。随后，各路明星名人纷纷加入，粉丝的多少成为判断人的魅力的基本标志，其商业价值开始被关注和兑现，并在小米的开创性营销模式中发挥到淋漓尽致。

粉丝已经成为互联网时代的一种经济形态、一种文化特征，它突破了地域的限制，也突破了时空的藩篱，将天南海北有共同兴趣、共同爱好、共同价值观的人召集在一起，分享观点，分享生活。在互联网经济诞生的开始，眼球的争夺是成败的关键，流量就决定了经营者的价值，粉丝作为一个最直接、最方便的流量入口，自然受到广大营销者的欢迎，毕竟相对于传统的传播媒体其成本很低，传播达到率很高，还能借助粉主的号召力获得更多关注，通过双向的沟通和直接的体验实现传播与营销的融合。

当乔布斯在粉丝与苹果产品的双重影响下不断地在全球创造一个又一个销售奇迹时，当将苹果的模式移植到国内的小米也在短时期内取得巨大的成就时，粉丝营销与粉丝经济成为新的商业模式的标签，成为企业营销者竞相模仿的样板，成为一个时代的追求。一时间，似乎任何一项产品或服务，只要有自己的粉丝，就能马上使业绩实现倍速增长；如果不能凝聚粉丝，就无法在互联网的商业战场上立足。由此也催生出一个专门为企业吸引粉丝、运作粉丝的庞大服务产业。

粉丝无用，价值兑现才有用

任何一个新鲜事物的产生，都会有爆发式成长，而一旦价值与边际效用下降，一旦吹捧过度，就会变成泡沫。随着越来越多的企业、商家将粉丝作为一种战略，随着全民开始以粉丝拥有量来判断成败，粉丝营销的价值感变得越来越低，谁拥有粉丝就拥有了市场的豪言壮语渐渐失去了功效。

我们花费了大量金钱聚集来粉丝，最后发现并没有多少粉丝能够消费我们的产品，也没有多少粉丝愿意跟我们开展互动与沟通，这些粉丝除了占据一些内存以外没有任何价值。原因在于，当粉丝经济进入商业领域，有许多粉丝并不是出于对我们品牌的喜爱、对产品的偏好、对企业的崇拜而加入我们的，而是因为短期的利益诱惑和一时的冲动或偶尔的刺激而来，在没有后续利益刺激的时候，这些粉丝就大都成为僵粉。

于是乎，大量品牌的粉丝数量成为装扮门面的一串数字，而不能转化为购买者的粉丝对于市场营销没有任何价值。尤其是当粉丝本身成为一种赚钱的工具，粉丝的买卖成为一种经济现象时，粉丝就只不过是粉丝贩卖者的一个产品，他们拉杆扛旗，建一个群，占一个山头，炒作几个热点，吸引一些人群，然后转手移交，任其自生自灭。

问题在于，为什么有这么多人会去购买粉丝？除了粉丝热潮所散发出的诱惑之外，在粉丝群建立初始，出于求新求奇的消费心理，他们通常会去尝试企业的某个产品，因此在一定程度上也能够为企业带来消费，甚至引发一个爆款，让企业尝到甜头。但是，因为这些粉丝没有忠诚度，并没有在思想和情感上与品牌建立起一种稳定的联结，蝇头小利，则趋之若鹜；无利可图，则树倒猢狲散。

还有一些粉丝是忠实于某一个人、某一个观点，而不是忠实于品牌或产品。粉丝与偶像是相辅相成的，没有偶像，粉丝就是无源之水；没有粉丝，偶像也不成其为偶像。只有具有偶像这个"明星产品"，才会有粉丝这个"忠诚顾客"。一旦偶像坍塌，粉丝便难觅踪影。

曾经的开心网，几乎一夜之间火爆全国，"偷菜""抢车位""买卖朋友"，成为当时人们交流的口头禅。然而一番疯狂之后，很快粉丝大批离去，网站变得冷冷清清。

商业领域的顶级偶像乔布斯，他不仅是苹果公司的老板，而且是苹果品牌的精神领袖，他的离去，对苹果公司的各方面，包括产品销量、股票、人事等都造成了相当大的影响。

小米手机自称为依靠完美的设计、优异的创意、良好的服务而赢取消费者的品牌，随着华为手机的问世，其很快就失去优势。其实，无论是曾经的魅族，还是小米、锤子，它们都是依靠性价比或者说是利益吸引了消费者，并没有依靠品牌的文化和魅力得到消费者的深度认同。它们的所谓粉丝都是为低价而来，或者说他们只不过是自娱族的代表，一旦这些消费者的身份脱离了自娱族群，他们很快就会四分五裂，除非你能不断地有新颖的产品和独特的想法来稳住他们。

从博客到微博，从朋友圈到公众号，再到一时风光无限的网红，都是粉丝经济和粉丝文化的践行者，但它们亦如过眼云烟，各领风骚一两年，火得快，沉得也快。

可见，对于粉丝本身并没有多少营销的意义，转化和持久地维系才是核心。转化与维系并不是短期的利益诱惑、炒作几个耀眼的话题就能解决的，而是需要有实实在在的产品消费体验和价值利益，需要有情感与思想的深度对接。一个粉丝平台是否具有黏性，最终依然取决于这个载体能否让人产生依赖和信赖感。

情感与思想的深度对接，就形成了圈层，或叫社群、部落。志同道合，才能久聚；爱好相似，才能相守。这一切已经脱离了粉丝营销的范畴，而是一个品牌战略的范畴，明确的圈层定位、清晰的品牌文化、引导消费的品牌理念，才是粉丝运营的核心。粉丝并没有没落，没落的是当前的粉丝运营方式，当你还不知道应该吸引什么样的粉丝的时候，有再多的粉丝也是徒劳。

粉丝营销，有量无质无未来

粉丝营销发展到今天，就如同市场营销发展的脉络一样，我们在过去的这些年头里，都将焦点集中在了量的思维模式中，或者说一样走入了粗放式经营模式。粉丝营销未来的转型之路仍然取决于从量的思维到质的思维的升级。

粉丝的聚能点是人格化的明星或偶像，他们处于无组织形态，只是以精神或共同表现出来的某种需求为纽带而存在于虚拟空间里，并没有构成一个有连带关系的组织生态。粉丝的消费主要是基于对明星或偶像的崇拜产生的，是盲目的、非理性的，并不带有交互性。

粉丝需要人格化构想，而产品是物格化的，因此将一项产品（或服务）打造成产品偶像更加困难，仅仅依靠产品本身，是很难迈过人格化以及神格化这两道认知关口的。苹果公司的产品之所以能成为偶像级的明星产品，与其掌舵者乔布斯的个人魅力是分不开的（另一个堪称成功的例子是布兰森所开创的维珍品牌）。

可见，要通过经营粉丝来经营品牌，首先需要将领导者、产品、品牌打造成三位一体。我们必须牢牢记住，绝大部分的消费者，都只是最优性价比的铁杆粉丝，很少会痴迷苦恋于某一个具体的品牌或产品。与其费尽心思去推崇粉丝营销，营造粉丝经济，不如回归本源，踏踏实实地提升自身产品的极致体验（兼顾功能体验与情感体验），让自己的品牌或产品具备真正的魅力之芒。让产品的真正价值去凝聚忠诚顾客群体，而不是去单纯地笼络粉丝。

网红、直播，不变现只能望梅止渴

随着网络红人 papi 酱在阿里巴巴拍卖平台开启"中国新媒体的第一次广告拍卖"成功，高达 1.2 亿元的估值和首轮投资的引进，围绕网红出现的商业链条和盈利模式也浮出水面，移动互联网时代的一个新的粉丝模式诞生。

其实，网红并不是一个新鲜事物。网红是自媒体时代的一个必然反映。不需要通过其他组织，不需要花费多少费用，只要敢想敢干，利用自己的移动终端，就可以让自己出名，过一把明星瘾，这无疑是许多梦想成为明星的草根们所期盼的。

网红刚刚兴起时，一个简单的创意、一个随意的表演就可能将一个人推到台前。随着移动终端个性化呈现的人越来越多，想成为网红也越来越难。只有成为拥有足够受众量的网红，才具备价值变现的可能。成为一个网红难，要实现产品价值变现更难。

纵观网红市场，我们发现，除了一批企业家真正通过网红经济获取了巨大利益，一些领域的专家通过网红赢取了许多粉丝，一些个人创业者通过网红带来比较大的收益，一些明星通过网红带动了一些产品的销售外，普通人要想通过网红思维带动产品的销售和业绩的提升并不是易事。

我们不可否认，网红经济、直播经济彻底地改变了个人生存方式，让个人出名的机会更多，让个人品牌打造更容易，但对于有一定规模和一定影响力的企业，将网红当作营销工具也许并不是一个高效、高质的选择。

作为博眼球为目的而兴起的网红与直播，当无数普通人加入其中后，在巨大的利益诱惑下，内容的创造和道德底线的把握本身就是一个难题。由于自媒体的进入门槛较低，生产内容受个人意志主导较强，加上互联网传播的自净能力尚待加强，如何让目标用户在浩瀚如烟的各种信息平台发现你并产生忠诚度，让内容不再同质化，让内容能够持续创新，这才是行业继续前行的前提。

第三章 品牌升级的苦与悲

> 我们习惯了增量市场的规模逻辑，我们热衷于概念炒作的圈钱神话，增量市场所践行的营销理念、品牌模式正在"熵增"的道路上走向平衡和失去活力。唯有回归价值本源提升品牌内在的能量，以开放心态拥抱数字时代的变化，才能实现消费升级生态下的品牌蝶变。

"熵"是一个热力学概念，认为将一个系统独立出来，或者置于一个均匀的环境里，所有的运动由于周围摩擦力的作用都将很快地停顿下来，温度从高到低传导也会很快变得均匀，最后变为毫无生气、死气沉沉的物质。华为总裁任正非将"熵"的理论系统运用到了企业管理上，认为一个组织、一个人也在不断地"熵增"，并在不断平衡中走向舒适而失去活力。因此，需要不断地为组织和个人增加能量，提升势能；需要开放包容，引入新的能量打破平衡，从而奠定了华为人本管理的基石。

纵观中国品牌营销体系，在过去40年中，我们从无到有，各行各业都在摸索与竞争中逐步形成了自己的思维体系和发展经验，并逐步形成了稳定的竞争格局。可以说，以"量"的追求为核心的经营理念已经深入人心，并让大量的企业和运营者享受到了巨大的收益红利，从而逐步走向一个舒适和稳定的状态。也就是说，今天我们的品牌营销正发展到一个"熵增"的极限，这也是当前中国品牌营销面临的最大危机，这种舒适的状态和平衡的格局将使得创新与发展乏力。

要改变这种格局，需要引入新的力量去打破平衡，需要增加新的能量去提升势能。供给侧改革、品牌强国、中国制造2025等一系列战略措施的出台，都是在社会的整体层面引入新的力量去打破平衡，以在新的市场生态和消费生态环境下，唤起新的活力。

基于经验的惯性和长期以来形成的思维模式，今天我们的品牌营销主要面临三大痛点。

抄袭成风，创新乏力

近几年，兴起了许多便利店连锁品牌，在西安就有这么一家，6年开了600家个店，最快70天开了108家，发展非常快。在国内某著名连锁咨询平台的案例分享中，从专业的角度高度赞扬并推荐了这个案例。点击这个案例，首先进入视野的就是它那与"7-11"便利店高度相仿的店头形象，一样的布局，一样的色彩，一样的条纹。

出于对假冒伪劣深恶痛绝的职业习惯，我对专业机构的这种推荐提出了质疑，得到了对方专业人士的回答：先抄，再做自己的特色，很多时候比的不是创新，而是速度，快鱼吃慢鱼。我无奈地给予了回复：是的，窃书不算偷，虽然本质一样。把别人钱包中的钱摸来迅速赚一笔再还回去，还能得到社会的认同和赞扬，可悲。

抄袭一直伴随着中国市场经济的发展和成熟，对推动企业发展和市场的进步曾经起到了重要的作用。食品、家电、通信、电子等各行各业，都有将抄袭作为企业战略的公司，而且不乏行业前列的品牌，它们以营销起家并擅长营销，它们紧盯着竞争对手的变化，一旦有新的产品出现且赢得市场的认可，它们就会以最快的速度推出相似或相同的产品，利用现有的渠道铺货，采取比竞争对手低一点的价格销售。而付出长期的时间成本、人员成本、资金成本实施创新的企业，没有任何与抄袭者比拼价格的本钱，只能沦落为市场竞争的弱者，泯灭了创新的初衷。

当抄袭变得理直气壮，当抄袭成为理所当然，甚至被推崇为企业战略，成为在专业平台上公开颂扬的一种行为，无疑是对公平竞争的莫大讽刺，它极大地损害了创新的原动力，带来市场竞争的恶性循环。

比如某食品饮料业的巨头企业，以善于抓市场机会而著称，也长期奉行"消费者调查不靠谱，市场是脚走出来的"的理念。几十年来，赶上可口可乐畅销就推出非常可乐，冰红茶畅销就推出冰红茶，午后奶茶畅销就推出呦呦奶茶，花生露畅销就推出花生牛奶，等等。品类的跟进并不是问题，但推出的这些新品都无一例外地跟随了市场上最畅销品牌的产品形象和风格，这就属于抄袭的特征。低成本复制加上大规模广告传播可以成就品牌，但无法形成自己的产品核心竞争能力，无法构筑起适应消费生态发展、真正关注用户的经营系统。

深圳的华强北曾经是"山寨机"的大本营，疯狂的抄袭让国产手机品牌几乎丧失了创新的能力，直到山寨品牌受到监管与打击，中国手机品牌才重焕生机。小米于2011年推出小米手机，以极高的性价比赢得了大家的追捧，成为中国制造业"明星公司"。然而小米一段时期内被外界称为抄袭的"集大成者"，干一行抄一行。甚至有人指责小米连鼠标垫都不放过。当小米和美的合作的消息出现，格力电器董事长董明珠在公开场合指责是"两个骗子在一起，是小偷集团"。就是这个被业界奉为神话的公司在与华为的竞争中逐渐失去昔日的光环和荣耀，无论小米如何宣扬自己的创新与品质精神，它的运作模式决定了要走上创新之路还需要漫长的过程。

2018年在上海举办的中国家电及消费电子博览会上，我们仍然可以看见家电业产品模仿的巨大力量。在方太对水槽洗碗机的颠覆性创新取得成功之后，整个上海家电展出现了大量模仿性产品，其中不乏名企名牌。

所有的抄袭本质上都是一种投机取巧，能够获取暂时的成果，能够获取短期的利益，但破坏的是整个产品的创新体系。随着品质消费、个性化消费时代的带来，抄袭的消费源头渐渐远去，以抄袭为本的公司也将面临一次脱胎换骨般的裂变。

低价有理，竞争无利

量的营销思维一直是市场的主流，也是企业经营者根深蒂固的观念。我们的市场在40年内从零起步，成为世界第一大消费市场，量的增长是超倍数的，任何人任何企业都能够在量上捞取一笔；我们的消费群体巨大，人口基数世界第一，获取量的空间似乎永远都是无穷的；创造量永远都不需要花费多大的成本和精力，远比创造价值来得简单。我们在这样的市场中能够轻松地获得发展，而我们面临的首要任务也是发展，我们拥有巨大的增量市场，仅靠规模已经足够潇洒地走一回，因此我们习惯于追求GDP，追求销售量，追求消费数量。

量的思维与低价思维如同孪生兄弟，我们追求量的思维，低价就成为核心的营销手段。用低价抢占市场，一直是中国企业做营销的一大法宝。20世纪90年代末长虹掀起的家电业最大规模的价格战，一举让其成为彩电业的霸主，成为经典的营销案例。

从1996年4月1日开始，彩电的进口关税大幅下降。3月26日，长虹宣布"产业报国"，所有品种彩电一律大幅度让利销售，降价幅度8%~18%。一个月内，长虹的市场占有率就上升到19%，比降价前增加了7.9%。到年底，长虹坐稳了"彩电大王"的宝座。中国每卖出三台彩电，就有一台出自长虹。长虹的这次价格战，在市场经济推进中第一次让人们看到了市场这只"无形之手"的神奇力量。1999年，长虹实施彩管垄断，造成了几百万台彩电的库存和上百亿资金的积压，价格战卷土重来，同年长虹的净利润下降74%。

两次价格战，提升了长虹的销量与占有率，却让长虹元气大伤，逐渐沦落为三级市场、农村市场的品牌。

时至今日，国家的经济已今非昔比，消费水平提升数倍，但我们到全国各地再走访一遍，就会发现廉价低质的形象并没有根本改变，价值提升速度远低于成本提升速度。而在世界市场，中国商品也成为低质、低价的代名词，成为倾销的出头鸟。

电子商务的飞速发展是中国经济中最引人自豪的现象。然而，从淘宝到天猫，从京东到聚美优品，无一不是凭借价格战这一武器在展开你死我活的竞争。平台与平台之间，依靠价格战维系自己的市场地位，平台内部利用一切政策推动商家与商家实施价格竞争。"双11"的狂欢节成为价格战的集大成者，所有的平台都在享受成功的盛宴，同时大量的供应商怨声载道，不参与就会失去市场，参与了即使拥有销量也是无利可图。

用免费拉人气、用低价抢市场、用爆款博眼球……利润低下影响到再投入的能力，成本的降低成为必然选择，低端产品不断过剩，高附加值产品无法诞生，供给侧改革推进难见成效，整个市场似乎陷入了一种无序发展、恶性竞争的被动局面。

当海淘族疯狂地刷屏的时候，我们的企业不理解也很无奈，我们一直停留在物美价廉的功劳簿上沾沾自喜，我们从不思考价廉何来物美。而在成本上升、国际市场环境变化的现状下，腾笼换鸟的产业升级谈何容易。技术的积累，附加值的打造，思维观念的改变，都是一个长期的过程，而非一朝一夕之功。

吹牛受捧，全民发疯

如果问最近几年最火热的营销模式是什么，其答案必然是围绕"互联网思维"而兴起的三大现象：用概念制造神话，用神话大肆圈钱，用上市不断烧钱。概念、圈钱、烧钱三位一体，让传统的实体经济大跌眼镜。无论你是内行还是外行，无论你是专家还是平民，无论你是腰缠万贯还是一无所有，无论你是新手还是老手，只要敢想，你都可以让一个行业天翻地覆，让一个市场乾坤扭转。这些神话就像一个个造神运动，在媒体的推波助澜下光鲜照人，一片红火。一时间，在传统实体经济苦于资金困乏的时刻，它们却在演绎着一个又一个暴富的奇迹。

几个卖煎饼果子的年轻人，宣称开创了颠覆全球餐饮业的新理论：一家餐厅是否成功和好吃与否没有必然联系。他们要在6个月的时间内，打造世界第一个年销售超过1亿元的煎饼果子品牌。

一个业外人士创办的肉夹馍店，因开业第一天卖掉2000个馍自认找到了营销的真谛，开始规划规模宏大的连锁旗舰店，让投资人给出了4000万元的估值。

一个在牛腩餐厅里搞先锋戏剧的专栏作家，打造出雕爷牛腩，估值达到4个亿，一度成为餐饮行业的经典案例。

一个以粉丝营销为核心模式的手机品牌，号称每秒钟卖出111部手机，提出两年达到1000亿元的销售目标。

一个刚毕业的小女孩，以颠覆新时代女性消费观念的名头，在中欧商学院讲堂给企业家们讲"一个90后美女情趣店店主的互联网思维"；到上市公司万科讲怎么用互联网思维做房地产。而在她疯狂传播创业理念的同时，其创业的门店也在纷纷关闭。

一个刚出道的网红露个脸，一番包装就能融资数千万；自媒体上刷个排名或开发一个APP，就能被估值数亿；一个初创的手机公司，还没实现成功的手机销售，因创始人的超常规口才，获得四轮融资，估值达到26.5亿元。

这些看似由互联网技术带来的模式创新，其实质更多的是自媒体推动下的一场娱乐盛宴。他们抓住传播自由的新契机，将一切公众话语和商业行为以娱乐的方式夸大呈现，逐渐营造出一种新的文化精神现象。通过将这种文化与具体的产品和营销对接，让商业行为、企业行为、营销行为成为娱乐的附庸。

所有参与人在娱乐的思维下，不再关注货物的交易和产品的买卖，而是投入巨资打造关注度、打造影响力。伴随着产业升级和消费升级，消费必然走向品质消费和价值消费的新时代，人们将只为他们认为值得的东西付费。网络增量泡沫终归有破裂的一天，概念创造的神话也终将走下神坛。

用品牌升级破局"熵增"

国学大师王国维有一次宴请溥仪到家中做客，随手展示了几件珍藏的古董字画，但是溥仪随手指了几件，告诉他这些都是赝品。作为一代大师的王国维心中很不痛快，多方求证后发现果然是赝品，不由得对他大为佩服，之后溥仪却说了一句：我就是看你那几件玩意儿和我家里的不太一样。

不同的场，不同场中成长的人，就具有不同的内涵和气质。气质、内涵与自身的出身和品质有关，好的气质需要在好的场中才能显现。无论是个人、组织还是产品和品牌，要具有最大的凝聚力和力量，必须做到能量、场景、生态三者的完美融合。

如同十九大报告指出的那样，中国社会的主要矛盾已经转化为人民日益增长的美好生活需要和不平衡不充分的发展之间的矛盾。对整个市场来说，"最大的不平衡"就是现有的供给和真实的需求之间的不平衡，"最大的不充分"就是消费者升级后的需求无法得到充分的满足。

今天的消费需求发生了四大本质的变化，这是马斯洛需求层次递进发展的必然规律，也是消费生态变化带来的必然反映，如图 1-9 所示。

基本产品功能的需求	▶▶▶	情感精神层面的需求
基本产品品质的需求	▶▶▶	质与美全面价值的需求
被动的消费需求满足	▶▶▶	内心思想表达的承载
跟风与从众为荣的消费	▶▶▶	自我个性的完美表达

图 1-9 消费需求的升级路径

要适应消费需求的变化，就需要推动品牌建设的四大升级，全面增加品牌能量，彰显出品牌气质，如图1-10所示。

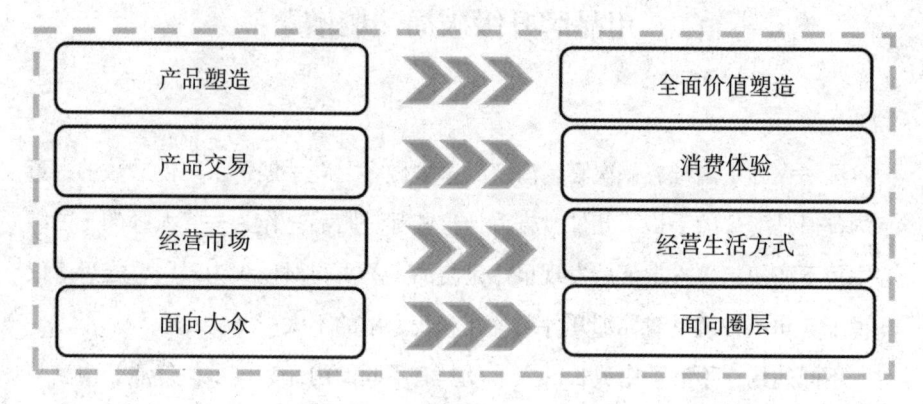

产品塑造	▶▶▶	全面价值塑造
产品交易	▶▶▶	消费体验
经营市场	▶▶▶	经营生活方式
面向大众	▶▶▶	面向圈层

图 1-10　品牌建设的升级路径

要完成这四大升级，品牌塑造的核心在于"聚能、提能、正能"，提升品牌的综合价值体系；消费体验的核心在于"筑场、捧场、强场"，构筑强大的消费体验氛围；圈层营销的核心在于"动态、创态、立态"，基于大数据手段推动精准化营销。只有这样，我们才能让品牌能量充足，气势磅礴，感受超值。

PART2
构筑品牌内在之"能"

一个好的品牌,就如同一个人,需要有修养和内涵,还要有令人喜欢的气质和恰当的身份。"能"与"气"是一个品牌的内在价值,也是品牌价值的综合体现,更是品牌的高度和势能的基因。品牌的"能"是品牌名称、品牌定位、品牌理念、品牌价值、品牌形象、品牌语言、品牌符号等品牌元素的集中反映,是品牌在与消费者接触过程中产生的天然吸引力,是消费者对品牌产生认同、喜欢和忠诚的内因。

农夫山泉品牌将千岛湖优质水源地的价值植入到消费者心智,成就了农夫山泉的"能";极草品牌打造了虫草新标准"含着吃",成就了极草的"能";方太品牌用国学经营厨电,成就了方太的"能";壹号土猪率先打造高端健康肉品,成就了壹号土猪的"能";迪斯尼用丰富多彩的童话故事,成就了迪斯尼的"能"……

也有大量的品牌由于"能"的不足,"能"的丧失,"能"的耗散,致使品牌蒙受损失。国酒茅台曾经推出茅台啤酒,弱化了品牌的"能",很快失败;火爆一时的土掉渣烧饼没有任何产品标准,丧失了品牌的"能",昙花一现;乐视一直陷在造梦的"天堂"中,"虚能"不接地气,很快衰落;方便面跟不上消费需求对食品价值的要求,"能"不足,逐渐失去市场;顺丰嘿客违背了消费者对店铺的消费需求愿望,有"场"无"能",难以为继……

势能首先来自于内在。从概念回归价值，从造梦回归客户，从虚拟回归实体，是品牌再造的基础工程；迎合消费升级的需求，提升品牌的内在气质，实现社会综合价值的效能，是品牌塑造的新目标。

第四章　品牌升级法则一：聚能——焦点的力量

> 光的聚焦成为激光，力的聚焦成为压强，气象的聚焦形成风水宝地，人气的聚焦带来繁荣，心气的聚焦带来健康。在自然与社会生活的方方面面，在战争与商业的各种场景，只要把有限的资源集中到一个点，就会聚集想象不到的力量，创造不可思议的结果。

在一个增量市场中，我们很难真实感受到焦点思维的重要性。市场机会太多，消费增量空间太大，只要有想法、有产品、有服务，都能够获得收益，享受到规模带来的利益。多元化在过去若干年一直是企业津津乐道的话题，很多企业在多元化中赚得盆满钵满。当供给侧改革的车轮启动时，意味着以人口和区域消费增量的市场红利渐渐远去，越来越多的品牌只能依靠对现有市场的挖掘，对现有消费的创新，在现有市场的竞争中获得发展的空间。

光学的焦点：当光子毫无章法的到处乱跑，就形成了电灯泡；当光子们心往一处想，劲往一处使，便成为了激光，激光拥有巨大的威力，被称为"最快的刀""最准的尺""最亮的光"。

力学的焦点：在压力恒定的情况下，受力面积越小、越聚焦，产生的压强越大，压力的效果就越明显。《华为基本法》第二十三条将"压强原则"确定为企业基本原则，主张在成功关键因素和选定的战略生长点上，以超过主要竞争对手的强度配置资源，要么不做，要做就极大地集中人力、物力和财力，实现重点突破。

风水学的焦点：风水就是能够聚集或生发"气"的那个点。山环水抱之地因其是藏风聚气的理想格局，成为生态建筑学中理想的居住场所：空气流通、光照合度、负氧离子充足，对人的身心健康极其有利。

中医学的焦点：气聚则形成，气散则形亡，气壮则形康，气衰则形弱。

地理学的焦点：区域市场之间竞与合的背后，往往呈现为人气的聚与散。人气聚则市场兴，人气散则市场衰。

军事学的焦点：集中优势资源，各个歼灭敌人，就可以化劣势为优势，分割击破。

这是焦点思维的自然应用与社会作用。焦点思维体现在自然与社会生活的方方面面，其核心在于把有限的资源集中到一个点，就会聚集想象不到的力量，创造不可思议的结果。

任何一个企业、一个组织的资源都是有限的，分散就会失去焦点，削弱力量；集中就能获取相对优势，聚集资源合力，占得竞争先机。品牌的焦点思维主要体现在以下四个方面。

精准客群，构建圈层品牌

传统商业呈现的基本特征是大众化，强调规模经济，商业活动是以物为中心，人仅作为分析商业行为的一个数据因子而存在，即将人的消费购买数据放置在一个大的统计群体中去研究物的采购、调配和安排。通吃市场是中国企业惯用法则，也是长期巨大的增量市场惯出的毛病。我们经常会问企业负责人，企业的顾客是谁，得到的回答往往是：只要有需求的人都是我的顾客（卖白酒的说只要喝酒的人就是，做餐饮的人说只要吃饭的人都是）。是的，只要有需求都应该成为顾客，因而许多品牌在运作中，既想抓住年轻人，也想抓住老年人，既想抓住时尚人群，也想抓住传统人群，谁有需要，就调整策略满足谁。这些想抓住所有人群的品牌最终往往是谁都没抓住，因为品牌的核心理念和价值被稀释，无法聚集到消费心智的最大能量，导致品牌吸引力减弱。

1. 以个体为中心成为新商业时代的基本特征。

互联网和大数据的基本功能是将商业带进了碎片化、个性化时代，整个商业活动的中心由"物"变为"人"，人不再只是一个消费数据，而是一个具备鲜明特征的个体。商业研究的核心可以渗透到每一个离散的人，全部人群不再具有可以高度概括的特征，但一群个体能够找到相似的位置，构成一个圈层。

在圈层时代，没有放之四海而通吃的产品，也没有放之四海而皆准的模式。品牌能做的是尽力地寻找和吸引与圈层品位对应的客户，去提供他们借以表达和传递自我的产品与服务，这就需要品牌有精准的顾客群体定位。

有了精准的顾客定位和深入的圈层特征分析，才能集中企业的品牌资源去营造目标顾客需要的体验场，也才能最大化地聚焦品牌的理念，实现与目标群体"能"的共振。一旦品牌和产品针对目标群体进行圈层划分，就能形成差异化的独特产品理念，在消费者心中产生"为我定制"的消费感受，产品的针对性更强，势能也更足。

2. 主题型酒店的兴起是客群聚焦的必然结果。

以如家、7天为代表的第一代经济连锁酒店走向衰落，以独特设计、装饰、文化氛围为核心的新一代主题酒店蓬勃兴起，这是圈层消费在酒店业的直接体现。

传统的经济连锁酒店是以大众化需求为市场，以单一的产品功能满足为价值。酒店是一个居住生活的场所，其需求实质上是消费者生活方式的折射。圈层化消费人群的出现，就产生了圈层化的酒店消费需求，围绕这些需求产生的具有独特圈层魅力的个性酒店会对圈层成员产生巨大吸引力，而大众性酒店"能"的分散导致衰落就不足为奇了。

部分主题型酒店的圈层化逻辑如下：

圈层需求	潮人的居住与社交平台	追求精致生活态度的商旅人士	自我本真需求的中产阶层	温暖、艺术、人文的生活空间	清心舒适、贴近自然的商旅生活	主流中档商旅人士的社交需求
品牌调性	城中最FUN的智能社交酒店	精致优雅、轻奢时尚生活方式	生活美学家	阅读与人文摄影	生态选材 天然植物 花园式客房	咖啡馆文化与酒店完美结合
酒店品牌	ZMAX潮漫	希岸酒店	锦江都城	亚朵	都市花园	喆菲酒店

今天的酒店市场，已经成为主题型酒店的天下。这些酒店，它们要么将酒店与艺术结合，要么将酒店与生态结合，要么在酒店中引入社交功能。不一样的主题都就吸引不一样的人群，独特的价值输出和文化共鸣让酒店不再是满足睡眠基础需求的一个房间，而是一种全面休息身心的场所，一个圈层的全新体验。

3. 精准客群，聚焦圈层开展营销。

圈层就是一个"聚能"的场所，拥有了圈层品牌的思维，我们就不要指望像从前那样打造一个全民为之狂欢的产品了。全民狂欢的大众化产品带来的是"价格战＋规模战"，导致的是行业能量的损失与降低。

当价格战走向价值战，当规模战走向圈层战，我们的品牌由于与具有特定经济属性的消费群体聚合在一起，就能够圈住社交情绪活跃、黏度高、数量稳定的"社交群体"，品牌就能够集中资源只为这些特定群体服务，精确地"针扎"消费者的"痛点"，从而实现品牌能力的最大释放。

首先，划出客户的圈子。通过对目标群的背景特征、生活习惯、爱好、生活尺度、生活方式、心理需求等进行群体分化与归类。找到品牌的核心目标群，并清晰地描述出目标群的特性：价值观、生活品位、兴趣爱好、消费习惯、社交行为等。

其次，找到适合的道路。不同圈子接受信息的渠道不同，他们生活与社交的场所不同，他们购物的地点也不相同。在深入分析目标圈层的生活习惯与价值理念后，需要围绕核心目标群的喜好和场景去布局品牌的通路和传播渠道，去寻找影响圈层消费的核心人物。

最后，构建对路的文化。圈层的最终凝聚依靠品牌文化和品牌理念，要不断连接、影响和维系圈层成员的关系，品牌需要构建社群组织，开展圈层活动，为目标群提供体现自我、相互影响、推动销售、促进情感交流的平台。

案例：姚明葡萄酒品牌焦点策略的失败

姚明葡萄酒品牌不需要塑造，天生一个大品牌，品牌资产就是这个名字，一个亚洲的巨人，篮球的巨星。姚明葡萄酒到底为谁而生，显然是深深喜爱姚明的人，即姚明的粉丝。由此，姚明葡萄酒诞生，其品牌烙印就决定了它是一个圈层的品牌，即围绕热爱体育、喜爱篮球运动的姚明粉丝群。

然而，出乎意料的是，姚明葡萄酒开价3800元，在目前中国葡萄酒市场已经属于高端产品，高端葡萄酒的群体自然是那些富商大贾、社会名流。

我们想象一个环境、一个场景去体验一下，当一群高端商务人士正在沟通重要的事情，或者是一群金领女性正在聚会，服务员走过来询问要喝点什么酒，答：来瓶姚明。这会是一种什么效果、什么感觉？品位感荡然无存，别扭感油然而生，规避感随之即来。如果要给一个尊贵的客人送礼，送点什么呢，答：送瓶姚明。总感觉有点不是滋味。

显然，作为一个已经是圈层化的品牌，姚明葡萄酒出现了定位的错误，对圈层焦点造成了比较大的破坏。姚明葡萄酒的消费群体必然等同于姚明的粉丝群体，如果出现偏差，则失去焦点，品牌的失败就成为必然。

聚焦品类，专一才能专业

在烈日下，消费者口渴了，他首先想到的是饮料，然后才会思考选择哪个饮料品牌。在饮料行业不断分化的过程中，消费者也会不断分化选择的品类。当消费者想到用饮料来解渴时，下一步就会思考是用茶饮料、水饮料、奶饮料、碳酸饮料还是果汁饮料，在确定具体饮料品类后再去选择品牌。

品类的分化与聚合

在整个产品生态和行业进化中，任何一个产业的品类都是在不断分化的，而每一个细化品类的出现都会伴生出一个或多个品牌，因此在分化的进程中，品牌越来越专业化。

在火锅市场初兴之时，我们都非常熟悉重庆火锅，这时候提到火锅，我们自然会去选择重庆火锅的品牌。随着火锅种类的增加，火锅品类开始分化，今天我们提到吃火锅，首先需要进一步明确是吃蒙式火锅、川式火锅还是粤式火锅，然后才会去确定品牌。

品类的分化就是行业"能"的分散过程，品牌必须紧跟行业分化的进程，去占据细化品类的位置，才能不断地站在"能"的凝聚点。如果品类已经发生了分化，且不同品牌已经占据了分化品类在消费者心中的位置，还停留在总品类位置的品牌就失去了占有心智的基础，气散无形。同时，在品类分化后，如果再试图去将分化的品类整合起来形成聚合的品类，并用品牌去满足消费者，也将劳而无功，因为它在消费者心中体现出的是非专业化，不伦不类。

啤酒和茶是两个消费者都熟知的品类，且都有众多专业的品牌在满足。啤儿茶爽是娃哈哈针对学生族、上班族、开车族等群体创新研发出的一款健康时尚饮品，是绿茶与啤酒的融合，上市没多久就失败了。

在传统茶和花茶两个品类认知已经成熟，且都有品牌占据消费者心智的市场中，如果试图推出一款产品，通过传统茶和花茶的融合，以打造花茶中最正宗的茶、传统茶中最适合年轻人的花茶口味，在消费者心智中注定是无法实现的，因为无论对于哪类消费者，这都不具有专业性。消费者要么选择花茶，要么选择传统茶，对于品牌，这是"能"的消散而非聚合。

专一才有最大的能量

聚焦品类就能集中资源，让有限的企业营销资源集中到一个点上，从而产生最大的力量，发挥出最大的效益；专一能够做精做透，在消费者心智中树立专业感和信赖感。在家电行业不断分化的进程中，"格力品牌"成为空调第一，"九阳品牌"成为豆浆机第一，"美的品牌"成为小家电第一。根据麦肯锡咨询公司对全球412家企业的样本分析，在专业化经营、适度多元化经营、多元化经营的企业中，专业化经营的企业投资回报率最高。

六个核桃，一家濒临倒闭的企业，2004年完成改制，聚焦于植物蛋白饮料品类，锁定"补脑"的差异化价值，推出核桃乳的焦点产品，一举成为市场龙头，是近十年中国快消品营销的经典案例，核桃乳饮料今天已经成为一个独立的饮料品类。

香飘飘，在竞争激烈的奶茶市场，聚焦于"杯装奶茶"的品类创新，以一个单品成就了中国的"奶茶之父"，诞生了饮料业一个新的巨头。"一年卖出3亿杯，杯子连起来可以绕地球一圈"的广告诉求家喻户晓，奶茶单品销量无人匹敌。

品类聚焦思维对于增量向存量转换的中国市场显得越发重要，随着供给侧改革的推进，越来越多的企业会聚焦到自身最有优势的领域。未来品牌要想获得最大的竞争能力和心智效应，就需要聚焦产品，聚焦产业，从而凝聚最大的能量。

品类跨界是品牌最大的陷阱

我们经常认为，只要拥有了强大的品牌影响力，我们就可以无所不及；只要消费者认可了我们的品牌，我们就可以为所欲为。实质上，跨品类的品牌延伸一旦违背消费的心智认知原理，就埋下了失败的种子。

20世纪90年代中期诞生的中域电讯品牌，经过十多年的发展，网络遍布全国，成为国内重要的电讯连锁企业之一。为了充分利用"中域"业已建立起来的品牌资产，2004年，中域品牌大张旗鼓进入服饰行业，定位为25周岁左右的消费群体、以国际化欧陆休闲风格为主的细分市场领域；以陈奕迅、杨千嬅为代言人，打造的是阳光、活力与时尚的个性。结果，既没有改变"买手机到中域"的消费品类认知，又产生了品牌形象与个性的冲突。三年的巨大投入，最后无声无息，悄然淡出市场。

日化巨头霸王借日化品牌的强大影响力，抓住凉茶市场的消费机遇，进入凉茶市场，推出霸王凉茶，以影视演员甄子丹做代言，实施铺天盖地的大广告传播策略。然而，无论宣传如何强势，促销如何具有诱惑力，产品如何优质，消费者在饮用霸王凉茶的时候，总摆脱不掉一股洗发水的味道。这就是企业品牌在消费者头脑中打下的烙印，这个烙印直接决定着消费者对一个品牌的认知，对品牌的消费决策，也预示着霸王凉茶从一开始就面临着失败的命运。

案例：电商平台品牌的聚焦策略

经过20世纪90年代末和本世纪初的互联网泡沫洗礼，中国的电商产业进入快速的发展通道，一举成为目前中国商业领域成长最快、最有竞争力的商业业态，诞生了一大批世界领先的电商平台公司。这些电商品牌的发展史，就是品类聚焦策略的现实实践。

阿里巴巴是电商平台的引领企业，是最早、最先成功的电商平台。阿里巴巴从品牌诞生一开始就是以品类领导者的身份出现，以占领电商品类的消费心智。"让天下没有难做的生意"是阿里巴巴的口号，并在业务上布局了覆盖B2B的阿里、针对B2C的淘宝和聚焦品牌交易的天猫。

作为后来者的京东，在品类被竞争品牌占据的前提下，选择了概念聚焦，提出"正品低价"的品牌诉求，取得了巨大的成功；唯品会则是直接聚焦在"一个专做特卖的网站"的差异化特点上，截取了自己的市场份额。

后续不断加入竞争的电商品牌，开始细分市场业务。饿了么聚焦外卖业务，当当聚焦图书业务，三只松鼠聚焦坚果业务；美团网在饿了么占据的外卖业务上增加"快"的概念，提出"美团外卖，送啥都快"，这些品牌都在自己聚焦的领域取得了快速的发展。

整合资源，围绕价值传播

任何一个品牌、一个企业都有很多的优势和特点，凝聚到品牌和产品上，就成为品牌的价值点。由于不同的消费者需求的价值利益不一样，为了尽可能地去满足更多消费需求，品牌运营者通常会频繁变化品牌传播的价值点，或者说最大化地把品牌具有价值和特点的内容都传播出去，以期望应对更多的需求，这通常成为品牌胡乱传播的借口。

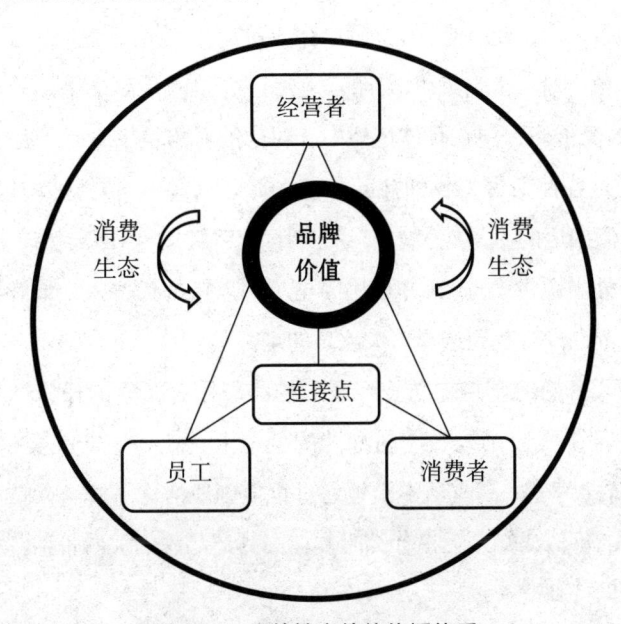

图 2-1　品牌核心价值传播体系

在信息爆炸的市场中，消费者是拒绝复杂信息的，这要求品牌的价值传递简单、聚焦。品牌的核心价值就是消费者对品牌属性和利益的最重要的联想，是品牌最重要的特征，消费者一提到某品牌首先想到的就是该品牌专属的品牌特性，也即该品牌的核心价值。如提到沃尔沃汽车，首先想到的则是"安全"。

品牌核心价值体现在品牌与消费者接触的所有连接点上（见图2-1），包括传播、渠道、终端、人员等。如果价值点过多，就会主题混乱，价值散乱，越传播越空泛、越糊涂，造成无序的、多耗的、失败的传播。

聚焦价值传播还体现在对价值的坚守，即持续塑造品牌独特的核心价值，强化消费认知。所有的价值创新都是在核心价值不变的基础上，围绕消费生态的变化开发创新关联价值的。

内容传递聚焦，强化价值

内容不统一、随意传播是品牌传播的普遍现象。要么是同一时间各个载体传播的内容不统一，要么是不同时间段传递的核心价值不统一，要么是核心价值与关联价值不统一。比如恒大冰泉上市，打出的是高端水品牌，推出的是4.5元一瓶的高价格，但在具体传播中，对标的对象是1.5元一瓶的农夫山泉，促销的场所是各种渠道、各种社区（包含低端社区）；传播的内容不断变化，开始是"我们搬运的不是地表水"，不久开始传播"长白山天然矿泉水"，随后又传播"一处水源供全球"，并启用完全不同风格的代言人。最终经过一年大投入，消费者也没有找到选择恒大冰泉的理由。

高露洁牙膏始终坚持"防止蛀牙"的品牌概念，它的任何产品概念和价值的提出，都是紧紧围绕在"防蛀"的概念上，比如"防蛀美白""防蛀固齿""草本防蛀"等，高露洁不断地通过价值创新活化品牌，保持活力，又不影响到品牌的价值认知。无论什么时候，高露洁品牌的关联价值都始终与品牌的核心价值保持高度一致。

内外传递统一，体验无异

内外不统一源于企业只注重品牌的外部传播而忽略内部传播，从心里认为品牌传播是市场的事情。品牌的理念由企业经营体决策而出，需要企业内部人员深入认知，因为任何品牌理念都要依靠企业的员工传递给市场和消费者，没有深入理解品牌理念并身体力行的员工，就不可能有有效的品牌外部传播和消费认知。

一旦品牌的核心价值确立，就需要在公司的经营理念、布局规划、原料供应、产品生产、员工组织和激励待遇等方面全方位地体现。如果品牌标榜社会责任，就必须保证企业上下所有的行动符合这些标准；如果标榜的是时尚前沿，就需要在办公环境、员工风貌上与之相匹配。

比如有些高端品牌，从媒介选择到广告内容，从终端氛围到形象塑造，都一脉相承体现出高端的形象。但在企业内部，大量的员工不知道、不了解品牌的基本思路和策略；企业的业务员和导购员回到公司，看到的是毫无形象的展厅，接受的是在破乱不堪的培训室里的培训；企业人员走入市场，只能坐最廉价的公交车，住最便宜的经济型酒店。员工丝毫感受不到也体验不到任何高端、专业的印记，形成不了内心的认同，也就难以有意识地、自主地在工作中、在与消费者的接触中、在社会活动中随时体现出高端、专业的理念，也无法让他人感知到这是一个来自高端、专业品牌的人员。这样长期下去，必然影响到高端品牌的树立，破坏品牌核心价值的形成。

载体选择聚焦，认知一致

媒介载体是带有鲜明圈层性和地域性的，不同圈层价值的品牌需要对应不同圈层的媒体，如果媒体使用不恰当，就会严重地浪费传播资源。时尚品牌就需要选择时尚媒体，大众品牌就需要选择高覆盖率媒体，高端品牌就需要选择高端前沿媒体。如果一个高端品牌选择刷墙、选择在电线杆上贴海报，不但影响不到有价值的人群，还会在其心中形成负面印象。

自媒体的出现和互联网媒体影响力的加强，使品牌价值传递聚焦迎来了难得的历史机会。自媒体使圈层更容易辨别，意见领袖更容易掌握，媒体的特性更加鲜明，只是需要品牌有鲜明的核心价值策略，以及系统的品牌价值传播管理体系，这样才能实现内部与外部、现在与将来、高空与地面、线上与线下的真正统一，实现聚焦的目的。

案例：哈根达斯的价值传播

哈根达斯高度聚焦整合，传播"爱"的价值。哈根达斯是1989年从欧洲起步的高档冰淇淋制造商，它的价格比普通冰淇淋贵5~10倍，比同类高档次产品贵30%~40%。在我国，迄今为止还没有任何品牌可以和它相比。哈根达斯为配合高价位的价值定位，将产品定位于"情侣专用"冰淇淋，并通过高度整合的传播方式，将哈根达斯品牌和"爱"结成盟友，从而牢固地树立起领先地位，如图2-2所示。

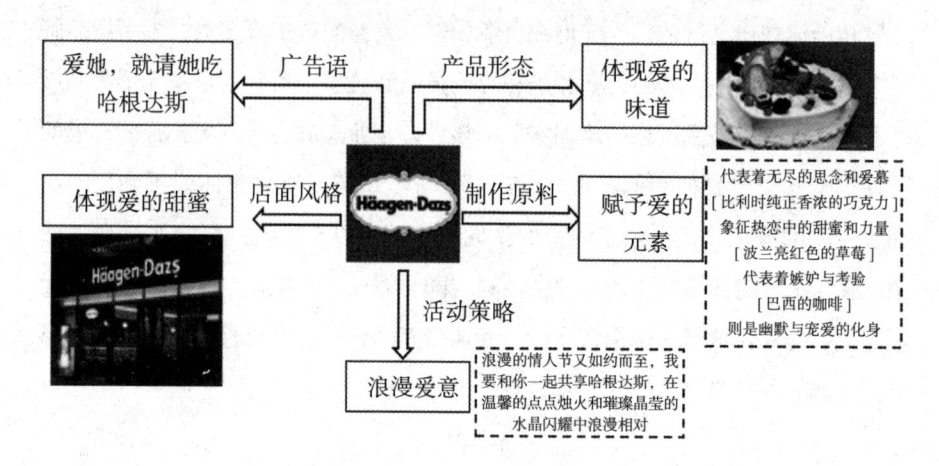

图2-2 哈根达斯的传播聚焦

个性鲜明，形象凝聚人心

"志同"才能"道合"。人以类聚，物以群分，寻找归属感是人的基本社会属性。在残酷的市场竞争里，如果企业的产品能让消费者感受到性格、特征、情感等方面的归属感，那么消费者通常会乐意购买，这就是品牌个性的杀伤力。品牌个性契合了消费者内心最深层次的感受，以人性化的表达触发了消费者的潜在动机，使消费者选择代表自己个性的品牌，从而把品牌价值突显出来（见图2-3）。因此，企业要想提升品牌价值，就必须塑造出鲜明的品牌个性——最终决定品牌市场地位的是品牌本身的性格,而不是产品间微不足道的差异,否则,品牌就会被淹没在市场的汪洋大海中难以掀起波澜。

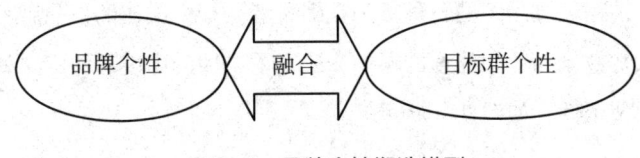

```
品牌个性  ⇄ 融合 ⇄  目标群个性
```

图 2-3 品牌个性塑造模型

品牌个性是产品和品牌存在的灵魂

比如奔驰,其个性是稳重的、有地位的;比如白沙,其个性是轻灵的、飘逸的;比如苹果,其个性是科技的、时尚的。品牌个性一旦形成,就会在传播过程中拥有经久不衰的独特魅力,当它引发消费者的认同后,就会使其形成持久的忠诚度。

每个人对自己都有一定的看法,对别人怎么看自己也有一定的要求,他们通常喜欢那些与自身相似或与自己的崇拜者相似的个性,喜欢那些符合自己观念的品牌。企业如果能够针对某一消费群体,创建具有与之相近的个性的品牌,消费者就会乐意购买这种品牌,品牌忠诚度就越高,这不失为一种有竞争力的持久的品牌策略。

归属感对于任何人来说都是一股强大的力量,尤其是对于自我意识还没有完全发展成熟的青少年、儿童及非常感性化的人群。人的自信力越低,就越依赖用品牌来展现自己。也许我们无法进入某个群体,但是当我们期望得到某个群体的认同时,我们就会寻找这个群体最有代表性的消费品牌,比如穿什么服饰、开什么车等,然后模仿消费,我们会自主地认为,这样我们就能够受到这个群体的认可,得到他们的欢迎。

构建鲜明的品牌个性

强大的品牌都有鲜明的品牌个性。耐克是自信、勇敢、无畏的;雀巢是温暖、健康、自然的；可口可乐是洒脱、自由、快乐的；万科是有创见、有文化内涵、关怀体贴的；沃尔沃是可靠、可信赖的；三只松鼠是幽默、风趣、可爱的。

品牌个性是通过品牌的各种行为在消费者认知中形成的，品牌行为带来的对个性的认知数量和认知强度的不同，决定了个性的广度和深度，就构成了四种形态的品牌个性，如图2-4所示。

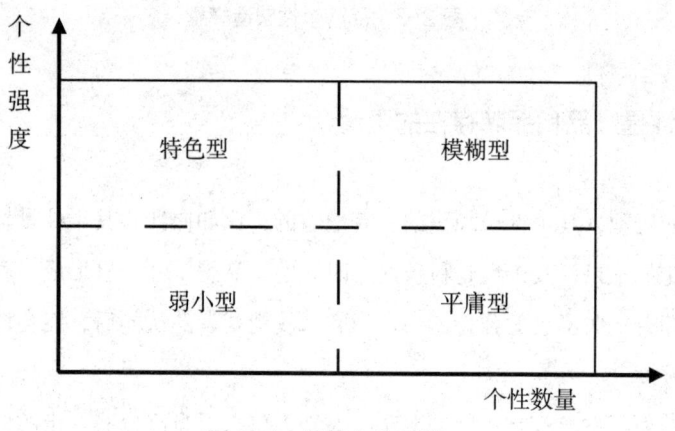

个性强度	特色型	模糊型
	弱小型	平庸型

个性数量

图2-4 品牌个性图谱

1.特色型个性。

特色型个性品牌具有鲜明的品牌人格化特征，品牌的各种行为传递给消费者一致的品牌个性认知，且认知强度很高，个性特征一旦形成将非常稳固，这是个性塑造高度聚焦的结果。

2.模糊型个性。

模糊型个性品牌没有清晰的人格化特征，因为品牌行为的杂乱形成不同的消费认知，且各种不同的认知都有比较强的认知效果，这种个性的分散带来认知的模糊，无法与消费者达成统一的性格对接，这是品牌行为分散的必然结果。

3.弱小型个性。

弱小型个性是弱势品牌的基本特征。品牌个性的塑造比较聚焦，但个性的认知强度还没有形成，品牌还处在产品利益诉求阶段，没有个性的认知。

4. 平庸型个性。

平庸型个性品牌已经有了一些微弱的个性认知，但不同的消费者对个性的认知差异巨大，并没有稳定而清晰的概念。

品牌个性聚焦的基本要求

性格决定态度，态度决定行为，行为决定习惯，习惯决定命运。个性是人最本质、最深层的属性。如同人的性格关乎人的命运一样，品牌个性也决定了品牌的前途和命运。心理咨询行业通过心理的诊断来矫正人性格中的某些弱点和偏差；品牌需要通过不断的深入洞察来确保品牌个性合乎品牌建设的要求。

1. 确保品牌个性的内在稳定性。

品牌个性只有保持一定的稳定性，才能持久地占据消费者的心理，才能在品牌形象与消费者体验的结合中形成共鸣。如果品牌个性没有内在的稳定性，或者说在消费者认知中形成了多个个性特征，那么消费者就无法辨别品牌的个性，自然就谈不上与消费者的个性相吻合了，如此品牌就会失去其应有的魅力。

2. 确保品牌个性的外在一致性。

寻找与个人消费价值取向相一致的品牌永远是消费者的非意识行为。品牌除了满足消费者基本的物质需求之外，它还是消费者开展社会交往、表达个人追求、体现真实自我、获取他人认可的重要载体，这也是品牌与产品的根本差异所在。既然消费者的个人取向决定了对品牌的选择，品牌如何来体现并吻合消费者的生活方式、兴趣、爱好以及希望和追求，则成为品牌建设的关键。

3. 确保品牌个性鲜明的独特性。

从根本上来说，品牌个性化的目的就是帮助消费者认识品牌、区隔品牌，从而接纳品牌。因为品牌个性是品牌核心价值的集中表现，最能代表一个品牌与其他品牌的差异，尤其在同类产品中，许多细分品牌定位差异性不大，所以只有通过品牌个性才会使之脱颖而出，表现出自己与众不同的感觉，从而实现品牌区隔。

4. 确保品牌个性竞争的壁垒性。

如果品牌个性得到了目标消费者的共鸣和接纳，那么，它就会表现出强烈的排他性，建立起品牌的"防火墙"，使竞争品牌无法模仿，有利于品牌的持续经营。

案例：动感地带的个性聚焦

动感地带品牌的个性表现，如图2-5所示。

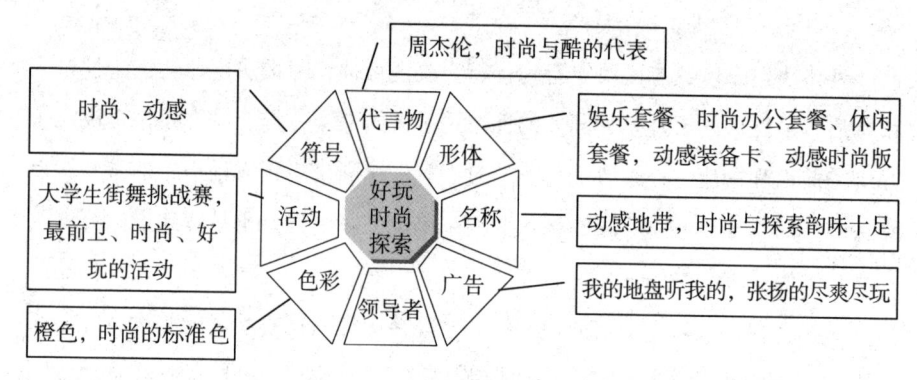

- 时尚、动感 —— 符号
- 大学生街舞挑战赛，最前卫、时尚、好玩的活动 —— 活动
- 橙色，时尚的标准色 —— 色彩
- 代言物 —— 周杰伦，时尚与酷的代表
- 形体 —— 娱乐套餐、时尚办公套餐、休闲套餐，动感装备卡、动感时尚版
- 名称 —— 动感地带，时尚与探索韵味十足
- 广告 —— 我的地盘听我的，张扬的尽爽尽玩
- 领导者

中心：好玩 时尚 探索

图2-5 动感地带品牌个性表现

动感地带就是典型的高度聚焦的个性品牌，消费者从品牌行为的各个层面都能够感知出动感地带的"时尚、好玩、探索"的个性。这也使得动感地带品牌在诞生后一年的时间内就迅速在年轻消费者中崛起，并迅速确立起品牌的优势。

个性化消费时代的典型特征是：从"大多数人认为好的就是好商品"，转变为"我自己认为好的就是好商品"，个性化时代的品牌越来越具有人格化的特征。今天的品牌，必须要能够反映出"85后"人群个体化崛起进程中的梦想、焦虑、追求和行为变化，让消费者感受到，品牌能深入他们的内心，了解他们的兴趣，帮助他们黏结关系，与他们共同创造生活。

焦点就是关注点，只要市场还需要注意力，只要信息还需要辨别，只要消费还需要选择，聚焦就是品牌传播的铁律。品牌势能，核心是聚能、聚气，而焦点策略又是聚能与聚气的核心。

第五章　品牌升级法则二：提能——艺术的思维

消费升级，实质是物质富足后整体感性素质的提升。感性素质即对艺术与审美的欲求。未来的产品，本身就是艺术品，必将是功能与审美的结合。未来的品牌，都是生活方式的运营者，必将是理念与价值设计的凝聚体。

当幸福来临时，我们缺乏了体验幸福的素质

2017年2月7日，《中国诗词大会》完美收官，据央视数据显示，这个节目全部10期累计收看观众达到11.63亿人次，节目最后一期的收视率问鼎当晚收视冠军。同时，节目选手武亦姝、白茹云相继登上热搜；节目评委郦波、康震等突然间变成了媒体追捧的对象；主持人董卿更是成为撒贝宁之后，另一名通吃各年龄段的资深"央视网红"……

10天后，2月18日，《朗读者》开播，取得口碑、收视双丰收。互联网相关的阅读量突破10万+，微信公众号的文章达到312篇，新媒体视频全网播放量达9.7亿次，音频收听量突破4.25亿次，多位嘉宾随之走红。

这是一次出乎意料的走红，却又冥冥之中蕴含着必然性。一个骨子里深藏着诗词艺术基因的民族，经过太长时间的精神低谷，一档节目在一个恰当的时间出现，犹如在干枯的柴堆上洒下火星，便形成熊熊烈火。

30多年的社会经济发展，我们在物质财富方面已经越来越充裕，但在精神方面却仍然寥落。我们的社会文化整体呈现出低俗化、碎片化、快餐化等状

态，所有人都感觉精神过于紧张，心理压力太大，社会太浮躁。

当所有人都在关注收入的高低、房子的大小、财产的多少时，饱读诗书的人少了，在网络上吐槽争论的人多了；专注于文化内涵的人少了，重视颜值体形的人多了；带着功利目的去阅读的人多了，通过学习优秀传统文化去提升文化素养的人少了。我们盲目地沉浸在成功学、职场技巧、商业推销秘诀的"洗脑"中，而将诗词歌赋和传统文化的书籍束之高阁。

饥寒交迫时，吃穿就是硬道理；物质富足时，素养就是硬道理。没有物质财富的丰富不可能感受到幸福，有了物质财富的丰富也未必能享受到幸福。《中国诗词大会》和《朗读者》的出现，为大家在浮躁的繁华世俗里，搭建起一座沉淀心灵的人文殿堂。它告诉我们，要偶尔放慢一下生活的节奏，听听音乐、聊聊诗歌、品味人生，去追寻心灵的"诗和远方"。在一个人均GDP达到8000美元的国家，用艺术去美化内心的精彩必然成为每个人的生活追求。

而人文与艺术素养的需求，必然通过消费来满足。内心的审美渴求也必然反映到对产品的选择中，这不仅将带动文娱、艺术产业的繁荣，更会通过品牌与产品渗透到消费者的日常生活中。

内涵与价值，决定了品牌的气质；品牌的气质，决定了品牌的气场。品牌的升级，离不开消费者艺术素养的提升，也离不开艺术对产品与品牌的升华。

真正的好产品，都是艺术品

过去的30年，我们的主要精力集中在生产产品保证供应、满足基本需求上。我们的食品确保消费者吃饱，我们的服饰确保消费者保暖，我们的房子确保能遮风避雨，我们的电子产品确保能看能听。这也导致我们的产品多是外观难看、工艺粗糙、包装低劣，直到今天，产品的外形设计仍然是中国企业的软肋。无论是城市的规划还是标志建筑物的设计，我们看到的都是外国设计师的影子；在食品领域、餐饮领域、化妆品领域，来自日韩地区的产品包装总让国人爱不释手，不仅成为国内设计师们研究的对象，也成为打动消费者的视觉杀手。

2007年8月，当智能机的概念还没有普及的时候，当触屏手机还存在许多技术难关的时候，当诺基亚手机还是手机行业绝对霸主的时候，苹果公司推出了自己的智能触屏手机。乔布斯不愧为一位伟大的艺术家，他将苹果手机视作一件艺术品，以满足消费者完美的使用体验为追求，用近乎苛刻的要求对待自己的设计，完成了手机发展史上最伟大的机型。其简单的设计、敏锐的操作系统给消费者留下了深刻的印象。苹果公司用革命性的创新精神不断地为消费者带来优质的电子精品，引领与开创了智能手机的全新时代。

今天，各行各业都在推进品牌化战略，都在推进产品与服务的升级。遗憾的是，受到整个社会设计水平与能力的影响，也受制于整个产品经营团队的艺术感性素质的平凡，我们的产品升级，通常只是在功能上修修补补，在材料上精益求精，而普遍性地忽略了感性品质的提升，也不愿意在感性品质上增加成本。结果，我们众多的产品在不断地换代，却一直没有升级。我们越来越多的产品被年轻人抛弃，越来越多的产品与年轻人市场无缘。

在一个产品足够丰富的市场环境中，产品的技术与功能同质化严重，好产品与坏产品、高端产品与低端产品的真正区别不在于功能与技术的差异，而在于消费者感性质量的高低。

可以说，今天的品牌升级，最大的机会也是最大的需求是形象的升级，要让产品在视觉上给人愉悦感，让产品在展示上提升吸引力，让产品在文化承载上增强内涵。2017年，依云推出限量纪念瓶，著名设计师Christian Lacroix将经典Paseo印花设计赋予更丰富的色彩，以湛蓝、粉红的配色打造出2017最时尚的幸福对瓶，经典的Paseo印花映照在闪耀的瓶身与水面，衬托出依云品牌的天然纯净与青春活力。粉蓝色和粉红色两个色调分别象征着日出和日落时刻渐变的地平线，日出蓝瓶代表着蓝色渐层的地平线，日落粉红渐层瓶身代表着日夜交融的特殊时刻。一瓶矿泉水在设计师笔下成为"美"的标志、时尚的风向、艺术的载体。

人性化是产品气质的灵魂。要充分了解消费者消费产品的各种场景和可能，将产品使用的风险和危险降到最低，把产品使用的方便性做到最好，把产品消费的舒适性想到最全。宜家家具的个性化组装、家电产品的防漏电装置、儿童产品的防碰撞材料、老人手机的大键盘，每一个手指的位置，每一个锁扣的艺术，每一个细节，都是消费体验的深入洞察，都是产品品质的深层创意。

真正的好产品，一定是"实用"与"审美"完美结合的艺术品。一个产品的质量，一定是感性质量与理性质量的完美融合。理性质量即产品的技术与功能，感性质量即产品的艺术感和美感。

一辆可以跑的汽车，一辆比较好看的汽车，一辆很有品位的汽车，产品附加值在不断增加，汽车的诱惑力在不断加大，汽车的能量在不断充足。而这三辆汽车，并没有技术与功能上的变化，也没有独特的利益需求的满足，而是感性质量的不断提升。这种提升降低了消费者的价格敏感度，提高了他们对产品的认可度，因为消费者的产品体验发生了根本性的变化，心灵被深深地触动。

案例：FOX 酒店的艺术设计

位于丹麦哥本哈根市中心的 FOX 酒店，与哥本哈根最美的奥瑞斯特兹公园相对。它原本是一间毫不起眼、类似青年旅馆的公园酒店。不过随着新 Volkswagen Fox 21 的发布，世界各地的平面设计、城市艺术以及插画艺术家来到哥本哈根，把这里变成了世界上最有激情和创意生活方式的宾馆。61 间客房，由 21 位艺术家设计完成。每个房间都有自己独特的风格，从怪诞滑稽到严谨的平面设计；从街头艺术到日本漫画；童话、友好的怪物、幻想的生物、神秘拱顶……不同艺术风格的设计，不同卫浴的选择，使每一个房间看上去都像一个艺术展厅。

做有生命的品牌

产品是一个具有使用价值的物质载体，在一个开放和自由竞争的市场，产品的发展趋势是趋同的。从产品到品牌是一种跨越，一种升华。如果说产品是一个物体，把这个物体看成一个人，一个具有情感、精神、思想的人，那么这个产品就成为一个品牌。

如果说一个真正好的产品一定是一个艺术品，那么一个真正有竞争力的品牌，一定是一个有生命的品牌。当品牌承载了历史与故事，被赋予了情感的交融、给予了精神的寄托，成为一种生活方式的代表，这个品牌就拥有了独特的气质与理念，能够和消费者心灵相通、言语相融。

任何一个行业的品牌都在随着行业的发展阶段和竞争程度而不断进化，拥有生命和理念的品牌就是品牌进化的最高阶段，如图2-6所示。

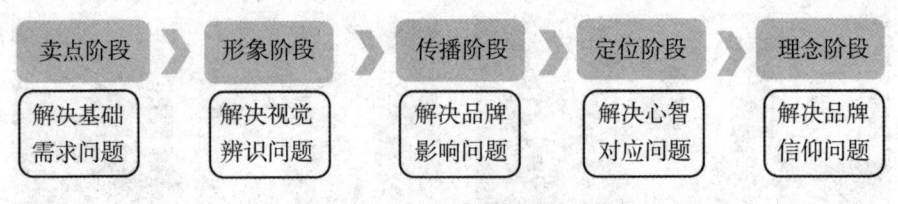

```
卖点阶段  →  形象阶段  →  传播阶段  →  定位阶段  →  理念阶段
解决基础     解决视觉     解决品牌     解决心智     解决品牌
需求问题     辨识问题     影响问题     对应问题     信仰问题
```

图 2-6　品牌进化历程

在卖点阶段，每一个行业都是产品供不应求，这时候只需要有能解决消费需求的产品就会受到欢迎；随着品牌供应的增多，品牌需要让消费者直观地辨识自己，就推动行业进入形象阶段；而形象是需要消费者看到品牌后才能够认识和辨别，更多的时候，企业需要在消费者还没有接触到品牌时就留下印象，以在需求出现时做出选择，这就需要传播；传播会推动行业迅速发展，消费日益普及，品牌的独特价值差异和明确的市场选择就成为必需，定位应运而生；有了定位，就有了消费圈层，就有了共同的追求，就能够针对圈层需求塑造共有的理念和文化，以获得深度的心灵共鸣。

1.有生命的品牌都有鲜明的个性和独特的价值理念。

世界上伟大的品牌无疑都是具有文化的品牌，都在引领生活方式的变革。可口可乐是美国文化的代表，是自由、激情与活力的象征，带给了消费者完全不同的体验，推动着消费者自由思想的萌芽；耐克是体育文化的代表，是勇夺第一、不惧挑战的精神象征，无论是运动爱好者还是希望成为别人眼中的运动者，都需要穿上耐克的服装、耐克的鞋，来迸发蕴藏在心灵深处的运动激情；芝华士，在游艇上嬉戏，在南极垂钓，在灯塔顶野炊，在大海中冲浪，和消费者一起分享和体验不同的休闲时光；宝马，让意欲驾驭自我人生的人，追求到驾乘的乐趣，享受速度的刺激。

2.有生命的品牌都能与消费者价值观共融。

《人民的名义》成为反腐剧的集大成者，在于它以年轻人为主要目标群。这是反腐剧的重大突破，影响青少年、占领年轻人市场就等于占领了主阵地。该剧充分融合了"80后""90后"的工作风貌与状态，改变了在观众头脑中根深蒂固的传统公检法干部的形象，从侯亮平、林华华到周正，都在正义、权威的工作中显露出自己真实、生活化的个性，一下将充满神秘色彩的一群人拉回到所有人的身边，变成了一个个鲜活的人。达康书记是整部剧中性格特征最为明显、最有差异的一位，也是价值区隔最为显著的人。这是消费者价值观的颠覆，让受众第一次感受到了真实和可信，从而赢得了中青年群体的共鸣。

当快节奏的城市工作生活方式来临，方便、快捷、整洁、卫生的餐饮需求诞生，麦当劳、肯德基以及各式各样的快餐应运而生；当繁重的工作压力让城市白领阶层不堪重负时，追求轻松、品质、慢生活成为潮流，各种轻奢酒店、轻奢餐饮迅猛发展；江小白满足了大量自娱消费者的消费追求，打造了一款有梦想、有情怀的白酒产品，传递出一种年轻"小资"的生存哲学。

坚果是一个普通的、常见的休闲产品，当"三只松鼠"带你进入独特的松鼠世界，一个充满生命力的坚果品牌随即诞生，成就了一家年销售额50亿元的中国坚果第一品牌。在这里，与消费者沟通的是三只具有鲜明性格的小松鼠，企业的创始人是松鼠爸爸，企业是松鼠窝。当张开双手、寓意拥抱和爱戴的小美，紧握拳头、象征团队和力量的小酷，手势向上、象征青春与活力的小贱带着各种故事与产品出现在消费者身边，消费者感受到的是趣味、绿色、快乐。坚果产品成为一个能够沟通、拥有性格和情绪的生命体，就如同身边形影不离的朋友一样，受到喜爱和追捧。

3. 有生命的品牌都能够调动与激发消费者的情绪。

赋予品牌情怀已经成为自媒体时代的一种趋势，品牌一旦拥有情怀就能够成就品牌的生命。2017年《战狼2》的火爆，无疑是得益于影片所激发起的民族情怀，在强国、强军之梦所叩醒的时代精神面前，一部影片足以唤起受众的强烈共鸣。在今天的市场环境下，一部好的影片，必与生命精神共鸣，并通过情怀来吟唱，才能真正打动受众的内心。

品牌艺术，用设计运营生活方式

好的品牌，都是生活方式的运营者；所有的顶级品牌，都是生活方式的代表，如图2-7所示。

图2-7 品牌就是运营生活方式

设计是生活方式的再现

设计本身就是一种生活方式，由此才形成一个又一个的设计流派，比如简约主义、时尚主义、后现代主义、解构主义，等等。今天的品牌设计，基于消费者"美与艺术"的感性素质的提升，在感性需求成为刚性需求的环境下产生。这种设计，已经远远超越我们心中的宣传物料设计、VI形象设计、包装形象设计、终端形象设计等产品与品牌本身的形象范畴。

科技的发展，使得艺术的观念、设计的观念可能更多地趋向于整个社会层面的思考。在这个过程中，设计、艺术、人文和科技将深度循环和互动。产品设计，需要有更高的视觉思维和思想高度，即通过设计的手段去可视化我们心中的未来。

作为提升品牌"能量"的艺术设计思维，核心是创意能力，将消费者的梦想通过创意转化为现实，并通过设计形成消费者的体验，因此我们称之为一种"生活方式的运营"。我们必须要站在消费者需求变化和行为动机升级的角度，去构思生活方式，当这种生活方式变为体验，就会引起深度的消费共鸣。苹果手机，用设计体现智能化的生活感觉；唐装，用设计再现盛唐文化；宜家产品，让消费者尽情体验自由与自主。好的设计必须与品牌定位高度契合，深刻地反映出品牌所要体现的生活状态。

"甜甜圈"幼儿园就是好玩、自由、随意的儿童生活方式在建筑产品中的实现。

日本立川市藤幼儿园是著名设计师佐藤可士和的新颖创意，整座建筑就是一个"甜甜圈"，让人们耳目一新，一经面世报名者蜂拥而至，还获得了经济合作与发展组织（OECD）的全球教育设施大奖。

建筑的空间设计是佐藤可士和的创意，他需要提供一种解决方案，解决日本进入少子化时代后幼儿园招生难的问题。佐藤可士和在走访幼儿园后发现，在幼儿园空间中，游戏道具是最重要的纽带。佐藤可士和爬上幼儿园中一棵气派的榉树，瞬间产生了灵感：把藤幼儿园建造成一个巨大的游乐道具，一个单单跑来跑去都觉得好玩的地方，一个孩子们每天都想去的空间。一个艺术化的创意设计，成就了今天藤幼儿园划时代的产品——甜甜圈形状的幼儿园建筑。

空间是生活方式的体验

2017年，新零售成为整个市场的热点和爆点。新零售的实质就是运用线上的大数据体系，在线下经营体中引入生活方式的体验，通过整合线上与线下实现的一种新的零售模式。这是对传统零售店的重大变革，每一个店面不再是单一产品的交易场所，而是全新的生活方式的完美体验，店面的经营成为生活方式的营造。

2017年亮相的全家便利店第四代升级，完全颠覆了人们对便利店的原有认知。店面外部有一面二维码幕墙，扫码进店领取积分，可以找到当天的优惠信息。店面内部有一个智能饮料柜，能够根据面相识别找到个人专属的饮料产品。高档时尚的咖啡区，便利的配套充电设备，随时下单的店内电子购物屏，集休闲、饮食、购物于一体，带给购物者便利的生活体验，享受完美的互联网购物生活。

案例：Inxpark家居综合体就是生活方式运营体

家居新零售正在经历从单一家居卖场向智慧生活全场景的大变革。Inxpark，由少海汇发起成立的全国首个智能泛家居公园，吸引了京东、网易、海尔全屋、有住生活、有屋虫洞、博洛尼、吴晓波书店等知名品牌纷纷加盟，成为一场售卖生活方式的变革实验。

Inxpark是全亚洲最大的泛家居综合体，拥有400多个家庭消费场景，仅家居产品SKU就达数万个；它是AI赋能助力新零售智能化升级的样板，引入无人车、人脸支付、机器人导购等黑科技，从产品到服务打造出一个极致美好的用户体验。

在Inxpark，消费者将面对的就是一场从未有过的购物场景：消费者抵达卖场后首先见到的是智能导购机器人，它能根据消费者的指令进行语音解答。同时每个产品也都配有电子标签，手机扫一扫即可获得产品信息，商品可以自己带走也可送货上门。

区别于传统零售"货－场－人"的运营结构，Inxpark-采用"厂家即商家"的新模式，强调F2C（即从厂商到消费者的电子商务模式）和企业生态的概念，用户在园区订购商品后，订单将即时发送到工厂进行生产，通过物流进行配送、上门安装。

消费者在Inxpark逛累了，可以去书店里转一转，或去卡丁车俱乐部消遣一下。消费者饿了可以就近品尝米其林大厨的手艺，或者去浪漫的酒庄里喝上一杯，随后再逛逛移植而来的六合夜市。晚上，消费者可以选择在少海汇和温德姆酒店打造的智慧酒店里，自助办理入住，也可以到露营住宿区，体验别样的野外露营……

从日本的茑屋书店掀起的书店与图书馆产业革命，到阿里、永辉带来的新零售超级物种；从全家便利店的第四代店开业，到泛家居的Inxpark概念落地，这些新的模式都不再是单一产品的销售者，而是深耕于消费者的内在需求，售卖一种消费者所期望的、更加美好的生活方式，通过人工智能技术的整体赋能，激活毫无生气的零售店。生活方式的运营，必将是未来零售业转型升级的方向。

品牌是生活方式的符号

优衣库一直以来以科技公司自居，不断地宣传其品牌服装面料的新科技。现在，优衣库越来越关注其品牌的文化意义和背后的生活态度。2016年8月，优衣库在全球市场推出品牌营销活动"The Science of Life Wear"，希望借此让人们思考"我们为什么而穿衣"这个问题，并思考穿衣背后的生活态度。

艺术与品牌的合作已经成为一种潮流，艺术需要通过品牌走进消费者的生活，品牌也需要嫁接艺术提升品位和内涵。优衣库与纽约现代艺术博物馆合作，把艺术印上T恤；服装品牌江南布衣推出家居线，开始设计沙发靠垫；Chanel和Gucci开起了咖啡店和餐厅。

一个阶层有一个阶层的生活方式，一种生活方式有自己独特的消费追求。

未来的品牌都将圈层化，成为生活方式的承载；未来的营销，都将是生活方式的策划与设计；未来的销售终端，都将是生活方式的体验场。

从功能为主的产品时代走向以生活方式为主的品牌时代，是品牌营销进化的必然规律。苹果将美学价值融入机器，全食超市引导对工业化食品的反思，星巴克让咖啡变成社交，特斯拉立足资源节约，无印良品提倡简约，全棉时代倡导环保，摩拜、滴滴引领共享。于是乎，强势的品牌渐渐成为生活方式的代表。北欧生活，我们想到了宜家；自由生活，我们想到了可乐；休闲生活，我们想到了星巴克；旅游生活，我们就想到了携程。

品牌的生活方式运营主要体现在三个方面。

1. 以生活方式指导品牌细分。

观念决定意识，意识决定态度，态度决定行为，行为决定习惯。生活方式，就是消费者在成长过程中形成的一整套生活价值观念，这种价值观念指导着消费者对生活、工作和社会事物的思想、观点和看法，并决定着消费者的生活行为、消费态度和消费习惯。

生活形态对于中国营销者来说是一个新的东西。40年前，生活形态对于国内营销界来说还是一个陌生的概念，那个时候，消费者都在有限的产品中去尽可能地满足自己的物质需求，他们的消费行为单纯而简单，营销面临的任务就是增大生产，扩大市场。这种一元的生活形态价值观自然无法作为消费群细分的依据，也没有价值和意义。

随着改革开放的逐步深入，不同时代、不同地域、不同生活环境的消费群逐步形成不同的生活方式。人口统计特征、亚文化的影响、所处的社会阶层、家庭生命周期、社会文化、相似的经历等都影响着生活方式的形成。由于我们追求的生活方式和生活态度影响甚至决定着我们的需求和欲望，因此也直接影响甚至决定着我们的消费与购买行为，而这些消费、购买行为又会反过来影响和改变我们的生活方式。

生活方式是建立在消费者心理基础上的，是消费者最本质的反映，以这种标准作为细分依据和定位依据能够直接击中消费者的心智，真正让消费者寻找到"自我认同"，通过品牌的消费找到"心理归宿"。通过生活方式的发掘和归类，就能够把握消费者的日常行为特征，从而采取针对性的卖点挖掘、品牌传播和其他营销策略。

2.以生活方式统领营销活动。

以生活方式统领营销活动，可以让品牌脱离优惠、低价、打折等传统的、单一的营销推广模式，而是采取持续的非销售的行为，树立品牌形象，营造品牌生活氛围，让消费者在活动的体验中深刻领会品牌的思想，并在产品体验中获得验证，从而在活动与品牌间形成联想，让活动的思想和品牌的思想融为一体。

部分品牌的生活方式营销，如图2-8所示。

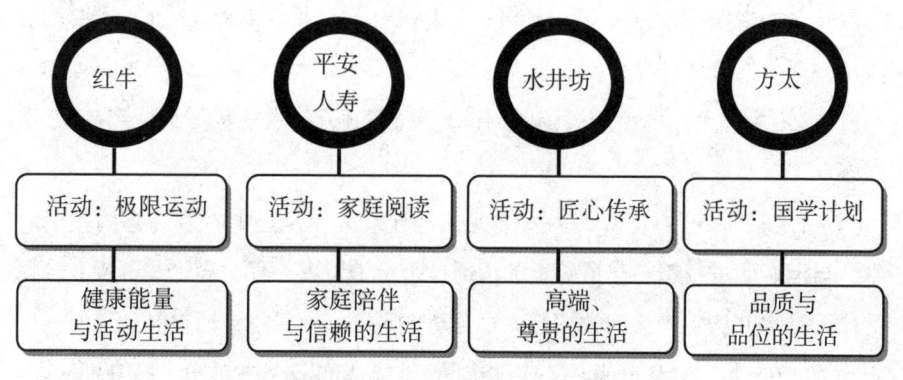

图2-8 营销活动与生活方式

红牛	平安人寿	水井坊	方太
活动：极限运动	活动：家庭阅读	活动：匠心传承	活动：国学计划
健康能量与活动生活	家庭陪伴与信赖的生活	高端、尊贵的生活	品质与品位的生活

红牛，极限运动的生活方式。红牛是功能饮料的世界第一品牌，2016年红牛在中国的销售额超过230亿元，英国品牌评估机构Brand Finance发布"2017全球最有价值的软饮料品牌25强"排行榜中，红牛品牌价值为67.38亿美元，名列第三位。

2007年，红牛创始人马特施茨倡导建立"媒体工作室"，这个工作室成为红牛生活方式的设计者和品牌内容营销的产出地。把红牛品牌融入生活，推广潮流运动的生活方式，为消费者带来超能力和梦幻般的体验，从此成为红牛的重要品牌战略。跑酷、跳伞、滑板、漂移、冲浪、自由式山地车……这些酷、潮、充满冒险性的运动，从此与红牛品牌紧密相连。2012年10月14日，奥地利跳伞运动员费利克斯·鲍姆加特纳带着醒目的红牛标志，挑战超音速，从天空边缘完成惊险一跳，在 YouTube 上的同步直播吸引了 800 万人次观看。这段视频被《广告时代》选入年度十大病毒，成为红牛有史以来做过的最牛的营销活动。在红牛媒体工作室的操作下，红牛品牌完成了从饮料产品向生活方式运营的转变，红牛的品牌价值与形象大幅提升。

中国平安人寿，用家庭阅读倡导陪伴与信赖。通过"家庭关系促进阅读""阅读促进家庭关系"的良性循环来培养家庭内部阅读习惯，是中国平安人寿打造品牌安全感和信赖感实施的持续性营销活动。2017 年 10 月，中国平安人寿与凤凰网读书频道共同推出"书海拾贝"书单推荐栏目，邀请各界专家、知名学者撰写书评——分享读书心得和个人故事。10 月 13 日，凤凰读书微信公众号推出该栏目第一篇书评《诗经：年轻的男女们啊，诗经里有你的春心》，在短短三天内，该篇微信的阅读量突破 10 万，点赞数更是达到 3500 次之多。

水井坊，用匠心诠释高尚生活元素。让水井坊走进消费者的高尚生活之中，与消费者进行精神与情感上的沟通，带给消费者心理上高雅、尊贵、愉悦的体验是水井坊营销活动的核心。水井坊立足匠心与传承，通过赞助凤凰网历史频道 2017 年"举杯邀明月"中秋选题，分享高端匠人的故事，在高端对位、节庆圈层营销上取得了一举两得的成效。

方太，用国学树立品质与品位。作为"高端厨电领导品牌"的重要支持，方太集团自 2010 年起开启"青竹简国学计划"，该计划是全方位、可持续的品牌营销活动。在内部，方太推行"中国现代儒家管理模式"，将中国传统文化思想融入产品研发；在外部，方太携手国学大师走进高校，举办国学活动，实施"国学图书室"公益项目。国学活动已经成为方太品牌捍卫老大地位的制胜法宝。

3. 让生活方式成为传播的主角。

强大的品牌都不再局限于产品，而是成为消费者可以借它表达自己的生活方式、表现自我个性与精神的象征符号。

让品牌传播跨越产品，从消费者的生活状态出发，激发情感的认同、身份的定位，让消费者形成品牌与自己生活的对接，让品牌成为消费者生活的归属，产品则成为消费者体现与实现生活方式的载体，如图2-9所示。

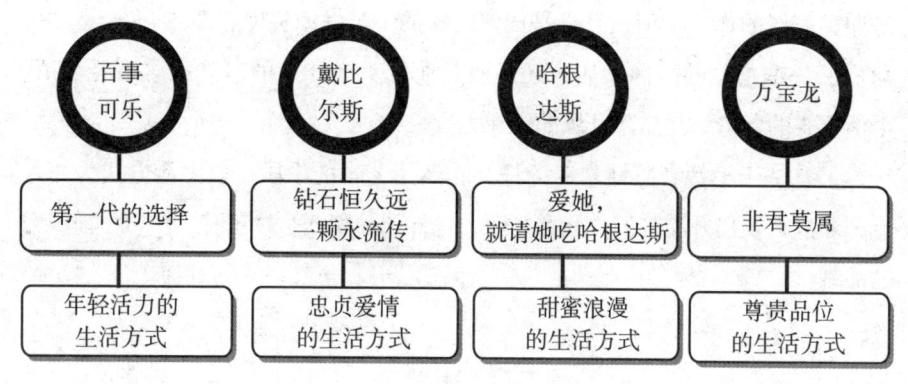

```
   百事           戴比           哈根           万宝龙
   可乐          尔斯           达斯
     |             |              |              |
  第一代的选择   钻石恒久远    爱她，          非君莫属
              一颗永流传   就请她吃哈根达斯
     |             |              |              |
  年轻活力的    忠贞爱情       甜蜜浪漫       尊贵品位
   生活方式      的生活方式     的生活方式     的生活方式
```

图2-9　品牌传播与生活方式

百事可乐，围绕新一代的生活方式实施传播。无论是标志的演进和升级，还是品牌色彩与色调的应用，都充满着活力，散发出时尚的味道。

戴比尔斯，一句经典的广告语，流芳百世。用一个品牌的语言诠释了爱情的忠贞与恒久，让钻石成为爱情的标志，让戴比尔斯成为爱情的象征。

哈根达斯，脱离了冰淇淋的产品属性，将普通的冰淇淋产品打造成情侣间秀恩爱、表浪漫的承载体。一句广告语，让无数人为之动心、动情、动意。

万宝龙，霸气的语言，唯我独尊，将品牌的尊贵与品位体现得淋漓尽致。一个成功的人，一个期望进入尊贵、典雅生活状态的人，无法经受住万宝龙的诱惑。

中国经济已进入了以生活方式为主流营销趋势的时代，越来越多的品牌开始成为生活方式的发现者、运营者和倡导者。

生活方式就是个人所需要的物质生活和精神生活的总和。每个人都有属于自己的生活方式，自由自在也好，循规蹈矩也罢，无论什么生活方式，都是消费者生活状态的一种宝贵体验。每个人也都有自己的生活梦想和追求，理想的生活方式没有实现，就意味着有潜在需求。如果品牌能够满足这一潜在诉求，品牌就成为生活方式的引领者。

苹果创始人乔布斯曾说：你要创造一个现实，你就得创造一个观念。"营销学之父"科特勒也曾说：营销，就是塑造并传递一种更高标准的生活。无论是曲美家居的你+生活馆，还是居然之家的"家庭消费生态圈"；无论是"一间房，一本书"的森冈书店，还是服装业巨头ZARA的时尚家居跨界营销，生活方式的营造将是品牌升级的内在力量。

只有基于消费者感性素养的提升，运用艺术的手段，以生活方式为切入点，才能真正提升品牌的内涵和气质，这样的品牌才是真正有生命力、征服力的品牌。

第六章 品牌升级法则三：正能——价值的回归

> 无论是经济的衰退还是环境的压力，都无法阻挡一个优秀消费品牌的崛起。只要做的是好的东西，而且价格是合理的，那么无论在什么时候，都会得到消费者的青睐。所谓匠心品牌，就是用极致思维，把产品做到最好。精雕细刻，精益求精，不仅是对品质的描述，也是对美感的追求。

"质"是中产阶层的标签

过去几十年来，在国内外巨大的消费差异和国内多层级的消费结构上，形成了一条完整的从国外到国内一线城市，到二线城市，到三线四线城市，到农村市场的循环推进的品牌道路。只要有足够的学习和模仿能力，我们就能去开辟一片新天地，依靠低成本和低价格迅速形成规模，快速地获取销售收益。

消费未被充分满足，消费信息严重匮乏，消费需求仅在于满足功能需要，消费者对品牌并没有多高的要求，每每有一个新概念，一旦我们想到乘以13亿这个天文数字，就难免心花怒放。

这种不求质量、只求数量的商业心理影响了各行各业。市场竞争通常是杀价，不计成本以低价去抢占市场份额，后续发展不受关注；电商平台的"双11"和"618"完全就是一场低价抢占用户的盛宴，是否赚钱并不关注；粉丝经济兴起带来的是一场"免费"营销，粉丝的价值并不受关注；股市扩容遵循低门槛、挂牌快原则，上市公司质量不受关注；出国旅游就血拼购物，行为素质不受关注；共享单车以资本为后盾疯狂扩张，只为抢人不为赚钱；企业的精力放在不断扩充产品线，不断推出新品，却并不关注单品的成功。

而当品牌生态面临"增量"到"存量"市场，"温饱"到"中产"消费的根本性变革时，这就预示着依靠跟风、模仿、低价为基本手段的市场规模化和追求"量"为核心的营销理念失去了存在的土壤。

今天的中产阶层，基本的生活需求已经满足，拥有丰富的产品信息，拥有很大的购买能力。他们不再局限于关注产品能解决什么问题，而是关注产品能满足什么需求。今天的中下阶层，他们的温饱已经解决，面临的是提升生活水平，改变生活状态。

我们说中产阶层的消费标签是"质"，既包含他们对产品的需求状态，需要高品质、高质量、高性价比；也包含他们的深层需求，需要通过产品的消费提升他们的生活品位。这不仅是一个单方面的产品问题，而是以产品为载体的全方位价值体验问题。廉价与低端不仅增加了他们对产品本身价值的怀疑，更是让他们丧失了生活的品质感，失去了消费的尊严和意义。

当小米和格力打赌时，其实两者本身就不可比拟，一个依靠技术推动品质，一个依靠低价抢夺消费，所以我们看到的是格力的被尊重和认可，而小米手机逐步失去了昔日的光辉，不得不经过三年的凤凰涅槃才重归创新与品质之路；大量实体企业曾经羡慕电商平台的巨大销售量，最后发现自己去开个网店根本就赚不到钱；淘宝依靠供应方的低价和无利策略去为自己占有消费资源，当天猫形成以品牌商为主的销售格局后，淘宝便风光不再，甚至成了假冒伪劣的代名词。

中产消费本身就是一种文化，一种以"品质消费"为基因的文化，当中产消费成为主流，才能够推动制造的升级，并将这种文化融合于产品的开发与设计中，这种中产文化就能够随着产品走向世界，成为品牌基因而影响到全球的消费趋势与格局。

当中产消费成为主流，昔日的卡拉OK厅、休闲中心、夜总会慢慢地萧条，旅游度假、健身活动、文化艺术逐步繁荣；路边摊、菜市场、活禽屠宰越来越少，精品生鲜超市、包装蔬菜、冷鲜冰鲜肉品受到欢迎；汽车成为中产阶层的标配，找个环境优雅的餐厅小聚成为中产阶层的生活状态。中产阶层追求气质最好、颜值最高的产品，对产品与商店环境异常挑剔；他们再忙，也会找出时间带上孩子去看大海、观雪山、享受沙滩的惬意；他们再累，也会抽空去欣赏流行电影，听一场音乐会，看一幕话剧，如图2-10所示。

不仅购买产品 更要愉悦身心		不盲目消费 追求理性平衡
不单生活性支出 更多享受性支出	中产阶层 品质消费 基本特征	不仅重功能价值 更重综合价值
不单产品消费 更关注生活品位		价格敏感降低 高端趋势明显

图2-10 中产阶层品质消费基本特征

在城市中产阶层兴起的同时，生活水平稳步提升的中下消费阶层数量仍然在增长，包括城市的平民群体、三四线农村群体、西部地区贫困群体，他们主要依靠家庭成员的对外输出带回收入。中下阶层收入有限，购买能力尚缺，但这不意味着他们的消费观念落后，家庭成员的大范围流动使其接受了更高层次的生活感受并在当地形成巨大的带动效应，新的更高层次的消费潮流正以更快的速度在影响和启发他们。

如果说中产阶层在追求生活质量和生活品位，中下阶层则还主要停留在追求更高品质的产品上。

以有限的收入享受自己认同的生活是中下阶层的主要消费追求，他们一直以中产阶层的消费形态为目标。虽然他们还在追求低价，贪求便宜，但他们仍然对于高质量、好感觉的商品及贴心的服务充满渴望，他们也会为一些好的产品多付一些溢价。如果成本合理，走低价路线在这个市场仍然拥有生机，但必须有新的策略，否则残酷的成本竞争会让品牌不堪重负。

"正能"品牌的价值呈现

"质"成为消费的基本需求取向，也成为企业竞争的核心要素。净饮水行业的领导品牌安吉尔在 2014 年提出"摈弃量比较，建立质领先"的品牌新理念，启动"高端净饮水专家"的品牌战略。在一个行业标准缺失、消费服务滞后、低价竞争频繁的市场中迅速崛起，带动整个行业正本清源，走向价值竞争，成为净饮水行业发展的标杆品牌。配合明星代言、高端媒体传播、终端形象的全面提升和精品战略，建立起了强大的品牌势能，将安吉尔由一个中低端饮水机品牌认知带入到高端的净饮水品牌认知。

无论是品牌的"正能"还是全面价值的提升，都是一个综合素质的体现。对于一个品牌，在这些综合素质的某方面或几个方面呈现出鲜明的特征，就能够聚集能量，形成影响力；如果能在以下四个方面全面出击，必然会形成领导品牌的特质，在竞争格局中也将傲视群雄，如图 2-11 所示。

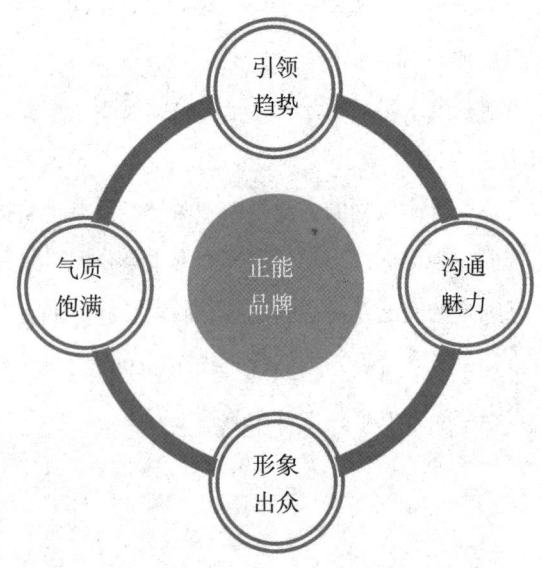

图 2-11 "正能"品牌的四大特征和价值呈现

引领趋势。站在趋势前沿的人总能够引领人心，领先的思想就如同一面旗帜，总有大量的人会跟随冲锋。马云是一个公认的有魅力的人，全身洋溢着领袖的气质，背后是不断累积的粉丝。马云的被崇拜和他的强大势能源于他的趋势把握能力。阿里巴巴就是趋势的成功实践者，按照阿里内部的说法，马云永远只思考未来30年的事情，并站在30年后社会与世界的模样上规划今日阿里的走向。从支付宝的推出、菜鸟的诞生到无人便利店的落地，阿里的每一步行动都在引领着行业的脚步。

站在趋势顶端的品牌必然具有强大的能量。引领趋势可能是站在了行业和产业的技术高地——比如苹果站在了智能手机的技术前沿，很快压住了诺基亚的市场风头；也可能是站在了社会价值观进化升级的前沿，比如20世纪90年代的长虹"以产业报国、民族昌盛为己任"，2017年的格力为抵制野蛮资本、振兴实业经济而呼唤，云南白药定位为打响民族品牌药业的价值观，这些品牌都因为引领了一个时代的价值走向凝聚起了自己品牌的独特力量。

气质饱满。气质是一个人从内到外的一种内在人格魅力，品牌的气质是品牌的综合价值沉淀带给消费者群体的天然征服力。一个功能超越需求、使用方便高效、文化内涵雅致的品牌能够得到消费者的倾心，也就能够在竞争中获取优势。这种力量是与生俱来的，是消费者通过消费体验过程所感受并激发出的情绪认同，是真正的、货真价实的好品牌、好产品的特质。通过概念包装出气质虽然能够暂时获得"势"的力量，但经不住消费的检验也树立不起气质感。

云南白药品牌在"去痛止血"的需求领域拥有强大的气质感，成为所有人心中的第一选择。这是云南白药长期以来坚守"去痛止血"的功能定位和焦点营销的结果。无论是早期的云南白药药品、云南白药膏，还是后期的云南白药气雾剂、云南白药牙膏，无不是在传承与强化云南白药的核心技术，为品牌气质增添内在的实力。

近年来，全社会兴起的"工匠"热就是品牌气质需求的直接体现。培养品牌气质不在于乞求鲜花与掌声，做一些虚无缥缈的工作，而是要求企业恪尽职守地坚持本分工作，心怀对消费者的尊重，扎扎实实地推动技术的进步，做好自己的产品，解决消费者面临的和关心的问题，让消费者感到物有所值甚至是物超所值。

形象出众。《三国演义》中，庞统准备效力于东吴，于是去面见孙权，孙权见庞统相貌丑陋，傲慢不羁，无论鲁肃怎么相劝，最后还是将这位与诸葛亮齐名的奇才拒之门外。这不是庞统无能，而是他的形象掩盖了他的能力，降低了他的场能。

人是视觉动物，爱美之心，人皆有之。与人一样，品牌的外在形象是影响品牌价值感的重要因素，消费者通常根据产品的包装风格和调性来判定产品的价值和品牌的气质，根据与企业相关人员（营销、导购、服务等）的接触来判定品牌实力的强弱和可信度。

形象升级一直是品牌升级的先导。无论是定位人群的改变，还是要从低端走向高端；无论是希望提升产品盈利能力，还是希望增大顾客吸引力，我们通常都会去改变产品和品牌的形象。形象已经成为今日中国品牌升级的重要工程，品牌化的首要落地工程就是形象化。形象的升级与提升包含标志符号的升级、包装的升级、空间形象的升级、宣传物料的升级等多个方面，形象的变化直接影响到品牌的气质。

案例：秦七张肉夹馍连锁形象的升级

肉夹馍是一个陕西地方特色小吃，集充饥与休闲功能于一体，秦七张是成都的肉夹馍连锁品牌。一直在正餐功能店和休闲功能店中摇摆，店面也布局了社区店和商业中心店两种。一直以来，以充饥为主的正餐社区店经营效益远赶不上以休闲餐饮为主的商业中心店。

2016年，秦七张决定根据年轻人群体的消费特点，转向将小吃以休闲餐饮为主经营的品牌思路，来推动品牌的升级，提升品牌的价值。提出"新派西北风味小吃"的品牌定位，打造休闲餐饮店。为此，围绕年轻人的消费喜好和价值追求，实施品牌升级。

1. 打造人格化的标志符号。基于秦七张名称的由来和渊源，设计了可爱而富有亲和力的"小七爷"形象。整个标志由人格化的人物符号＋富有陕西地域文化特征的字体＋品类名组成，品牌顿时鲜活起来。

2. 塑造"七姊妹"为原型的"肉夹馍品牌"家族。通过家族故事与陕西地域文化符号的有机结合，形成系列宣传和应用物料。让整个品牌形象变得气质感十足，内涵丰富。

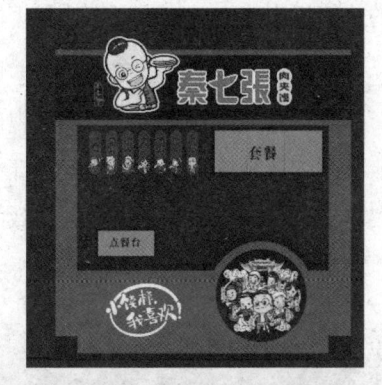

沟通魅力。自媒体时代的沟通成为品牌与消费者连接的日常工作。人对人的印象除了形象外，就是沟通的语言能力。气量足的人通常都博学广见、天性幽默、举手投足富有内涵、善于沟通、充满自信。一个气量足的品牌也拥有别具一格的沟通能力，能够不断提供富有创意思想和生活趣味的内容，保持与消费者的良性互动。将自己的产品价值、品牌理念在这种互动中渗透到消费者内心，得到消费者的认可和信赖。

充满魅力的沟通是一种情绪的表达，一种情欲的共鸣，一种情感的共振。杜蕾斯善于抓住任何的社会热点和营销机会，展开对消费者的魅力攻势。从2011年为人熟知的"鞋套雨夜传奇"事件，到最近刷爆网络圈的感恩节"品牌联合"事件，杜蕾斯不断创造着新的传播爆点，不仅成就了自己的品牌，还成就了一大批自媒体人的社群营销。在这些事件中，杜蕾斯展现了它高度的社会认知能力、消费心理分析能力、语言凝练能力、幽默风趣能力和一个高端品牌的价值担当能力，成为自媒体营销的品牌王者，占据了消费沟通能力的制高点，不断成就与丰满了杜蕾斯品牌的内涵。

江小白是一个依靠品牌沟通能力而成长起来的品牌黑马，它用绵延不断的经典文案内容笼络了大量的粉丝。江小白最新的文案系列"让时间走慢一点"，不仅将复杂、枯燥的制酒工艺和精致的产品卖点用喜闻乐见的方式诉求给了观众，还能让消费者将酒与人联系起来去思考人生（部分内容如下）。

从暴饮暴食走向价值经营

如著名管理学家黄卫伟教授所言：互联网＋充裕资本＋资本市场，正在扭曲初创企业的价值，放大人性的贪婪，颠覆传统的创业法则。

当VC（Venture Capital，即风险投资）、PE（Private Equity，即私募股权投资）成为市场的主导，整个企业的商业模式发生了质的变化。当上市成为目标，企业的价值评估变为投资商之间的博弈，盲目地做大带来急功近利。如同中国的股市，最具有赚钱效应的通常不是真正具有实在价值和成长性的公司，而是投资商竞相吹捧、善于讲故事的公司。在虚拟经济兴盛的时候，企业的经营是短期的，体现出的价值是虚幻的，最后在社会的各个层面堆积成一层层的泡沫，难以给消费者带来实实在在的利益。这种虚幻和泡沫，无法聚集起品牌的持久能量，达成与消费生态的良性互动。真正充满能量的品牌，需要借助资本的力量，但其核心动力是依靠自身创造的价值维系品牌的持续增长，一旦企业忽略自身价值创造的根本性，一味地依赖于资本的注入，就会成为资本的奴隶，迟早被资本拖垮。

价值是品牌"势能"的内在素质，是支撑和形成品牌能量的基因。没有核心价值的品牌就如同行尸走肉，一张物质的躯壳永远无法聚集有征服力的能量。一个真正以价值为中心的品牌需要经历三大改变，如图2-12所示。

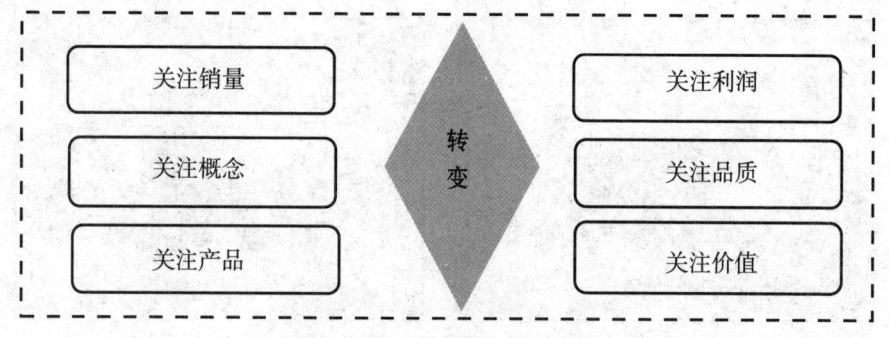

图 2-12　价值品牌的三大转变

重利润获取

利润与现金流是企业内涵式发展的两大支柱。由于利润的创造考验一个企业的综合能力，在一个容量无限大的市场中，企业更易于去关注销量，这远比利润的创造要容易得多。中国传统的生意规则中就流行"薄利多销"。在薄利多销的潜意识中，企业面临竞争的压力，首先采取的策略必然是让出利润去获取销量。从20世纪90年代长虹发动的价格战到小米手机对手机行业的价格掠夺，从互联网兴起的免费模式到"双11"对零售业的残酷性颠覆，价格战因其在销量上的明显效果深受营销决策者喜爱。然而，几十年下来，价格战的恶果最后都是"杀敌一千，自损八百"，整个行业的利润受损，再投入乏力，行业升级困难重重，企业自身的发展也受到利润的限制。三聚氰胺事件就是行业整体投入困乏，在成本竞争的压力下而出现的全局性悲剧。

从重销量到重利润，是销售思维到品牌思维的根本转变。销售思维强调"攻城略地"，目标是领地，在乎的是市场，关注的是交易量。至于领地是否能持久坚守，市场是否能建立信任，交易量是否能持续增长，并不是销售思维所关注的。品牌思维强调"占山为王"，目标是山头，在乎的是占领，关注的是用户的信任。品牌思维不在乎一城一池的得失，关注的是持久占领，赢得消费者的信任。品牌思维相信，只要真正拥有了消费者，星星之火就可以燎原。

案例：丽思·卡尔顿酒店的利润坚守

1997年的金融危机和印尼森林大火，令东南亚旅游业遭到重创，货币大幅贬值。为了吸引客人，酒店房价直线下降。在马来西亚，几乎所有豪华酒店都卷入了价格战，但只有一家岿然不动，它就是丽思·卡尔顿（Ritz-Carlton）酒店。

豪华酒店在推行降价的同时，要维持企业的运营，自然要降低产品与服务质量。鲜花不见了，水果不见了，毛巾不换了，服务生减少了。丽思·卡尔顿酒店非但房价不降，还增加了音乐、香槟、优惠券和酒店纪念模型来迎接刚下飞机的客人。因丽思·卡尔顿酒店维持房价，保住了利润，它仍能为客人提供暖心的服务，结果，许多已经预订了其他酒店的客人纷纷转向丽思·卡尔顿酒店。"绝不掉价"为丽思·卡尔顿酒店赢得了声誉，维护并强大了品牌资产。

截止到1999年秋天，吉隆坡丽思·卡尔顿酒店的入住率从1998年的50%上升到60%，毛利水平达到了18%，在亚洲金融危机波及的全球酒店业中创造了不俗的业绩。

重精品塑造

格力电器董事长董明珠说：中国制造在很长一段时间内都是低质低价的代名词，没人以用了中国产品为骄傲。过去几年，中国人喜欢到国外买马桶盖、电饭煲，责任在谁呢？消费者吗？还是因为中国人不爱国？我想，都不是。这是我们制造业的问题，因为没有掌握核心技术，没有好的质量，当不能提高消费生活质量的时候，自然而然就会被社会淘汰。

世界上做螺母的企业多如牛毛，但能生产适合中国高铁和日本新干线需要的"永不松动螺母"的企业只有一家，就是只有四十几名员工的小企业——日本哈德洛克工业株式会社。其创始人花了30年，经过不断的技术改进，才生产出了这种螺母。实际上它的原理结构都比较简单，创始人还曾大方地在公司网站上发布了这种螺母的设计图纸，仔细讲解了它的原理和制作过程，但是迄今为止却没有一家公司能够仿制。

不得不说，因消费的不理性、竞争规则的不完备，我们的市场到处充斥着"劣币驱逐良币"的现象。做出真正的精品必然需要更多的投入、更长期的产品开发与创新、更多的市场耐性和对诱惑的抵抗力，而在一个处处是商机的市场中、一个充满营销短视症的氛围中，是很难实现的。

中国制造已经走到了历史的顶峰，在联合国公布的500余种主要工业产品中，有220多种产量位居世界第一。但在关键核心技术，以及产品质量和可靠性水平等方面，仍与世界制造强国有明显差距。一方面是产品难以满足有效需求；另一方面则是产业存在着大量同质化和产能过剩。目前，我国出口的商品中仍然有90%以上是贴牌产品，精品缺失导致中国企业只能处在全球产业链低端。我们出口高铁技术、船舶技术，但我们却无法在食品、服装、电器等基本消费品上立足。在国内，奢侈品基本都是国外品牌所占据；在超市里，高端的水果、蔬菜、肉类、奶类无一例外都来自境外。

为推动品牌强国战略，国家正在抓紧组织实施改善消费品供给专项行动，加快国内质量安全标准与国际标准并轨，建立质量安全可追溯体系和商品质量惩罚性赔偿制度，倒逼企业提升产品质量，推动"中国制造"加快走向"精品制造"。更多的企业需要沉下心来，不忘初心，寻回匠心精神，打造真正的好产品，有了精品，才可能有利润。

案例：安吉尔的精品战略

安吉尔是中国净饮水市场的开拓者，长期以来一直占据着净饮水市场份额的龙头地位。但也形成了一个尴尬的现实：几百个单品中没有一个单品在行业领先，品牌的认知逐渐成为一个中低端的大众品牌。

2014年，中国净饮水市场开始呈爆发式增长，传统家电品牌纷纷进入抢食蛋糕，以沁园为代表的"低价风暴"将行业推向价格战的漩涡，产品品质、消费体验受到空前挑战。

安吉尔果断挑起行业升级的责任，提出"摈弃量比较，建立质领先"的行业召唤。决定全面压缩产品线，集中资源打造精品，以满足消费者对产品技术、功能和全面价值的需求。

安吉尔A6应运而生,这是一款基于消费者对水质的核心关注而精心打造的产品。产品配备全球顶级的过滤技术——美国陶氏原装进口滤芯,应用航天级杀菌材质纳米晶须,通过全封闭自动化生产线生产,一举抢占了净饮水产品技术的制高点,解决消费者对安全、健康饮水的需求。

2014年9月安吉尔A6上市,到2015年2月,半年时间,A6即夺得净饮水行业单品月销量第一,并一直牢牢占据着净饮水行业单品销量领先的市场地位,为安吉尔品牌走向高端、专业在产品层面提供了有力的支撑,改变了消费者长久以来的品牌认知,也改变了净饮水行业的竞争格局。

重综合价值

品牌的综合价值是指,消费者同样的支出,可以获得更大程度的满足。价值是品牌综合形象的反映,包括其属性、品质、档次(品位)、文化、个性等。品牌价值的衡量是消费者的感知价值而非品牌的真实价值。消费者感知价值大于所付出的成本,消费者就认为是物超所值,而感知价值来自于消费者体验品牌的综合反映,如图2-13所示。

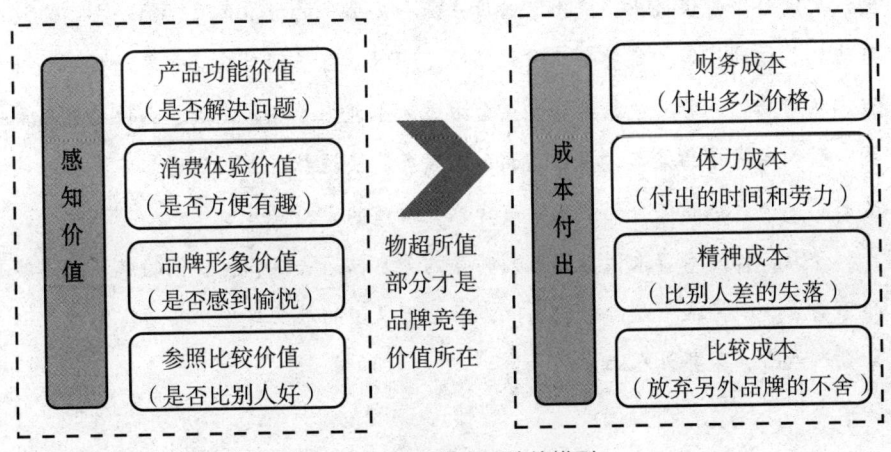

感知价值		物超所值部分才是品牌竞争价值所在	成本付出	
	产品功能价值(是否解决问题)			财务成本(付出多少价格)
	消费体验价值(是否方便有趣)			体力成本(付出的时间和劳力)
	品牌形象价值(是否感到愉悦)			精神成本(比别人差的失落)
	参照比较价值(是否比别人好)			比较成本(放弃另外品牌的不舍)

图2-13 品牌全面价值模型

恒大冰泉是一个好产品,当其采取了针对农夫山泉的竞争策略时,人为造成了价值比较中的巨大价格差异,带来感知价值的显著降低。同样的蔬菜,放置在华润万家超市和放置在 OLE 精品超市，就具有不一样的价格接受度，OLE 的形象让消费者有更高的感知价值。即使是高度同质化的产品类别，购买知名品牌也远比杂牌要让人安心，因为知名品牌展现出的认同感弱化了精神成本的付出。

消费升级，就是单一的产品消费阶段升级到综合价值的消费阶段。品牌的能量不依赖于某个或某几个点位的强势，而依赖于整体品牌系统的闭环。

案例：百果园价值升级

百果园的水果就是贵，这是消费者的普遍认知，但丝毫阻挡不了消费者选购百果园水果的行动。2016 年，百果园的营业收入突破 60 亿元，单店销售额突破 300 万元，成为零售连锁行业的耀眼明星。百果园的成功，来自于其品牌综合价值的塑造，第一次将专业的水果产品、优质的水果服务、高端的水果生活体验带给了消费者，充分满足了中产与白领阶层的水果消费需求。

2015 年，百果园推进品牌升级，为提供消费者感知的真正"好吃"的水果，百果园推出"果品分级标准"，让好吃标准化、视觉化、规范化，在百果园水果的整个价值链中，提出"四度一味一安全"的标准体系，第一个在水果行业从种植到销售构筑整套品质的保障。同时，百果园对店面形象进行全面升级，从布局、色彩、包装到灯光，全方位地呈现出专业、高端、品位的果品氛围。引入水果精品策略，推出店面加工服务，实施社区上门配送，完善全球基地布局，全方位的整合，带来了消费感知价值的大幅提升。

今天，你走入百果园，百果园的导购会自信地告诉你：我们的水果比一般超市要贵 30%。这不是价格的高低，而是百果园的水果好吃，品质有保障，形象让人放心，服务让人满意。

异军崛起的"工匠"品牌

2016年俨然成为华为年

低调的任正非,低调的华为,充满神秘感,让人一直在仰望,一直又似乎遥不可及。无数人对华为的印象应该停留在"一个厉害的企业、工作强度大、享受待遇高"上。直到有一天,当看到华为的手机出现在消费者手中时,华为才开始逐步剥去神秘的外衣,下凡到人间。

短短的一年时间,华为手机逆袭三星,直逼苹果,国内品牌已只能望其项背。2016年3月,环球网联合环球舆情调查中心进行的针对中国消费者对国产品牌的认知度调查中,华为手机以45.45%的提及率在国产品牌中遥遥领先,并顺利成为消费者最喜爱的国产品牌。数码产品品类调查中,华为提及率高达69.15%,位列第一,在同类型品牌好感度排行中大幅领先其他品牌;在消费者最喜爱的品牌排行之中,华为被提及率则达到45.45%,一举夺得消费者最喜爱的国产品牌称号。

据美国财经新闻网站CNBC报道,按照IDC的季度报告显示,2017年第二季度,华为在全球销售了3850万部智能手机,占到11.3%的市场份额,而苹果则销售了4100万部手机,份额为12%,两家公司的份额差距日益缩小。美国科技市场咨询公司IDC的一名分析师表示,2017年或2018年,华为智能手机销量将超过苹果,成为全球第二名。

华为手机正式进入市场的时候,多数人并不看好,他们担心华为在消费品市场的经验和能力,担心一个长期进行工业开发的企业是否能食得人间烟火,担心在这么一个品牌关注度极高的市场内,一个新品牌进入的难度和风险。然而华为成功了,在社会狂热于小米模式,成天钻研互联网改变营销的时候,业界从华为身上看到了另一种力量,这种无形的力量让人沉静,也让人害怕。如同沉睡的雄狮苏醒，犹如静默的火山喷发，强大的势能激荡着整个工业界、营销界和企业界。

一个最佳的新闻信息源，一个出现即被刷屏的永恒热点，不需要创意，不需要策划，只需要消息。2016年，华为成为一个民族的情结，是自然而生的，是从整个社会的内心深处被激发的。

《华为，没有秘诀的奇迹》《华为，荣获中国质量领域最高政府奖，引领工匠精神》《28年只对准一个城墙口冲锋——与任正非面对面》《不要让华为跑了》《任正非真实身价曝光》《华为起诉三星》《任正非汇报：为什么华为现在感到迷茫》，每一篇文章，每一点信息，都被疯狂地转载，不断地传播，热烈地讨论。在这个充满矛盾、焦虑和观点多元化的自媒体时代，没有任何一个企业的信息能如华为一样，获得的都是羡慕和赞誉。无论是身在华为之中，还是身为竞争对手；无论是专业人士，还是普通消费者，都没有批评，也没有质疑。

低调的企业与时代的呼唤

"华为现象"在今天得以火热，也意味着一个新时代的开启，在整个社会经历30年高速增长后，在制造业艰难求生的今天，在经营的粗放、心态的浮躁、营销的狂欢中，我们整个社会开始回归理性。我们能够通过对资源的任意掠夺、对概念的轮番炒作、对资本无所顾忌的占有获得企业的短暂成长，赚取足够的利润，但这未必是一个品牌的持久成长之路、一个企业的健康发展之路。

对华为的认可和推崇，就是对从容独立、踏实务实、执着专一、精益求精精神的认可和推崇。从国家到企业，从生产者到消费者，我们已经越来越认识到，"萝卜快了不洗泥"，无论是企业还是个人，片面盲目地追求"快"和"立竿见影"，必然在浮躁中走向沉沦。外边的世界很热闹，我们不要轻易盲从；灯红酒绿中的诱惑很多，我们需要坚守"初心"。

在中国经济全面换档，一个高速增长的时代走向终结的时代背景下，在中国企业完成原始积累，全面参与全球竞争的时代环境下，"差不多"的粗放式思维逐渐被消费者抛弃，因为它会让品牌流于庸俗，止于轻薄、肤浅和粗糙。

华为的低调和成就在今天的市场中显得是如此另类，华为对人才的尊重，对技术的追求，对趋势的把握，对事业的专注，对诱惑的抵制，使其成为中国制造的榜样，成为工匠精神的代表，成为民族品牌的希望，成为产业升级的思想标杆。

随波逐流与本质坚守

华为开始做手机业务的时候，小米曾经是它重点研究的对象。华为要走互联网+战略，要进入互联网行业，基于它自身强大的技术能力和研发基础，如果能将小米的互联网营销模式进行深度融合，无疑是最佳的跨界整合。

华为曾经建立了互联网业务部，希望通过粉丝运营和社群运营来启动营销，推出过SNS社区爱米网、本地生活服务爱米live、移动搜索等数十个项目，后来又推出"华为特色的互联网"，在有助于终端销售的基础上，发展APP精品应用，华为的天天播放器、天天动听等一批互联网应用加入到了互联网公司的APP混战之中。

经验老道的任正非很快觉察到了问题，他立即告诫公司，要在主航道上发挥主观能动性与创造性，不能盲目创新。荣耀诞生之后，虽然任正非拍板将荣耀作为独立的电商品牌，但他又明确告诫华为终端业务"不要盲目将三星、苹果、小米作为目标，别让互联网引起发烧，要以利润为中心"。

任正非曾经说道：互联网还没有改变事物的本质，现在汽车还必须首先是车子，豆腐必须是豆腐……

2016年初，华为对独立之后的荣耀做了战略回收。荣耀的线下渠道开始和华为渠道融合，荣耀独立尝试了两年之后，开始回归传统。不仅如此，华为基于利润原则，再一次强调研发投入，提出"引导产业创新"。拥抱互联网时代，并不单单是引入互联网思维，实施互联网营销，在万物互联时代，以传感器和芯片技术的应用实现产品升级才是互联网在制造业中的思维核心。

相对于许多制造企业在互联网模式中的盲目跟随和热衷，任正非在华为终端的转型实验，体现了传统企业对互联网的谨慎拥抱的态度，华为的实践具有明显的警示作用，互联网仍然只是一种手段，传统企业运营模式还是成立的，对于传统企业，"+互联网"比"互联网+"更有效。

在2016年全国科技创新大会上，任正非坦承，"华为已经进入行业的无人区，前进在迷航中，找不到方向"，但华为仍将坚持战略的耐性，通过技术的研究和研发的投入实现对未来的探索，通过优秀人才的培养和对教育的尊重去迎接未来的挑战。

创新与技术时代来临

"华为现象"预示着中国市场环境的换档，在经历概念满天飞、营销过度、投机盛行的高潮后，整个社会变得越来越理性和有所期盼。抄袭、低价、概念，已让整个经济看起来虚无缥缈。华为的迅速崛起和引起的社会高度关注，使我们看到了实体经济回归的社会土壤，看到了技术创新对于企业竞争的巨大力量。中国企业发展到今天，我们不缺资金、不缺人才、不缺智慧，缺的是立足长远、扎根技术、打造品牌、推动企业可持续长期发展的勇气和行动。华为的崛起证明，只要坚持与坚守，中国企业的技术一样能够达到世界领先水平，企业只要具备强大的研发能力和基础，就能够制造出具有国际竞争力的产品，就能够在行业竞争中取得最后的胜利。

华为拥有如此高的品牌势能，和它长期以来坚持实业、坚持技术，以成功民族企业身份建立的"信任""共识"和"一致性"密不可分。多年来，华为低调地悄悄兑现了无数个承诺，从而获得了消费者的信任。

随着国家"脱虚向实，振兴实体"战略的推进，随着全社会对浮躁的反思和觉醒，随着以华为、格力为代表的大批实体制造业的兴起，随着吉利、富士康的技术创新行为越来越受到重视，从产品企业到证券市场，从消费选择到产品供应，都将全面回归消费本质，回归价值源头，一个高端实体经济的时代正在到来。

PART3

强大品牌展示之"场"

任何品牌和产品都需要通过一定的舞台展示出来，才可能接触到消费者。消费者判定一个品牌的好坏、风格、档次、内涵、气质，除了产品本身，更多地会受到品牌展示舞台的影响，构建起相关联想。一个品牌要保持交易的活跃度，要获得消费者的认可和推崇，不断适应消费升级的需求变化、营造适宜品牌身份的交易环境和氛围至关重要。

德州扒鸡是紧随中国交通线发展起来的一个老字号产品，曾经为长时间坐火车、坐汽车的消费人群提供了方便、美味的充饥食品。随着中国高速公路的普及和提速，高铁的全面发展和出行日程的缩短，车上出行的场景发生了质的变化，充饥食品的需求变得不再必要，传统的充饥食品失去了生存的土壤，新型的休闲食品成为替代。

餐厅和家庭厨房是传统家庭两大用餐场所，要么自己采购菜品回家做饭，要么全家步入餐厅饱食美餐。随着家庭的年轻化、小型化，家庭用餐比例大幅降低，吃饭的场景正在改变。于是，正餐外卖成为一种流行；超市、便利店兴起的体验式餐饮受到欢迎。

因为饮酒人群和场景的变化，诞生了江小白；因为出行场景的变化，出现了共享单车和滴滴打车；因为互联网带来的消费场景的变化，移动支付成为交易的首选。对于年轻一代来说，在信息完全碎片化的情况下，我们已经不再认同存在一个绝对意义上的场景或者是渠道能够进行精准性的推送，或者从另外一个角度来讲，对于年轻一代的消费者来说，碎片化、多样式、复合型的场景才能满足所需。

品牌有了强大的"能量"，没有足够的"场景"，会导致能量的衰减，千里马就会卖成小毛驴的价钱。强大的场景势能能够提升品牌气质，提升品牌的力量，拉近品牌与消费者的距离，造成消费者心灵上的震撼。

面对消费升级的大趋势，重塑并升级品牌，就需要：

满足并引导消费者升级后的社交需求。为消费者从生理与安全需求向社交需求、认同需求、自我实现需求升级营造氛围，提供推力。

满足并营造消费者对品牌的体验需求。单纯的产品交易不再具有吸引力，集交易、互动、体验、分享于一体的全方位场景体验才能够让品牌深入人心。

提升场景势能为品牌赋予能量。不断地将品牌置于更强的场景之中，不断地为品牌寻找更优的平台，才能让品牌和场景相得益彰，持续积累品牌势能。

第七章　品牌升级法则四：筑场——社交的理念

> 人脱离不了生活的社群，故不可避免地都在乎旁人的眼光，都要关注群体的评价。产品的消费与品牌的选择，是人的整体实力与素养的外化，承载了社会交往与认同的责任。故品牌在基本价值之上，可以是情感的倾诉，可以是对规则的认可或挑战，可以是尊严的宣示，可以是习惯的传承，可以是思想的引领。让生活显得更有品位，让消费能满足炫耀的本能。

人人都需要认同与炫耀

人与动物界的根本差异在于人具有社会性。作为社会性的人，最大的痛苦就是孤单与寂寞，最大的需求就是与别人联络和交往，最大的享受就是获得别人的认可、赞美与崇拜。如果长年累月没有任何人拜访，没有任何人聊天，没有公众场合的经历，没有与他人的任何连接，就会失去社会人的生存意义。

按照马斯洛需求层次理论，人的社会性本质是获取社会的认可与尊重。从孩童开始到年老体衰，无论是在学校内、工作上，还是生活中，人无时无刻都在想尽办法展现自己的存在感。从某种意义上来说，存在感是人生存、奋斗的终极动机。为了证明自己的存在，人开始挖空心思地干各种事情，有的人频繁演讲，有的人著书立说，有的人研究一个成果，有的人参加各种聚会，有的人发动战争，有的人晒日常生活。存在感让人找到了自己在这个世界中的位置，不断地证明着自己对这个世界的价值。

进入一个新组织、新团队，新手的首要工作就是找到存在感。他可能频繁地出现在会议等公众场合，他可能抓住一切机会在各种场合发表观点，他可能低调地拜访新组织所有重要的人，他可能积极参加一切组织活动并踊跃表现，无论最后的结果是被接受、被拒绝，还是被争议，但总归不能被忽略。

在微信朋友圈、各种博客或者微博中，无论是一段思想、一餐美食、一次旅行、一场培训、一次会议，还是加了一次班、见了某个人、品了一次茶、喝了一顿酒、穿了一件别致的衣服、戴了一顶个性化的帽子，所有的一切，都是在追求和期望别人的反馈，无论是赞美还是批判都无所谓，重要的是反馈数量，反馈越多，人越兴奋，就更增强了炫耀下去的信心，互相的赞美和评论多了，存在感就强了。

不同存在感的内容体现出不同的风格（流行说法叫"群体认同"），炫耀就是宣示和实现存在感的手段。通过自己的消费经历、消费对象、消费的环境来宣示自己的身份、地位，这也成为社会中判定一个人的基本标志。

精明的别墅销售人员已经不再纠结于从理念、特色、区位、景观等方面吸引客户，而是不断地告诉你，某某明星选择了这里，你能与某某企业家做邻居。与成功者和知名人士做邻居，对于任何一个人都具有不小的诱惑力，整个别墅区也会因知名人物的聚集形成一种特定的内涵和气质，这种气质和内涵会让很多人因为沾上边、搭上桥而寻找到所需要的一种存在。

某爱美女士买了一件很有档次的衣服，她需要让很多人知道，体现出她的时尚和美。她可以拍照片发朋友圈，但这种炫耀显然效果并不明显，因为只是一个单向的信息传递。她可以在闺蜜圈中约一个饭局，在吃饭、聊天中不断展示她的服装，就会引来无数称赞，而且在现场互动下会大大地满足炫耀者的内心。

当然，人并不会追求在所有人中的存在感，而是只追求在认可自己格调与品位的人群中的存在感，同时还会规避在一些自己不喜欢的群体中的存在感。于是就形成了大量的具有不同气质和内涵的群体圈层，比如时尚圈、明星圈、文艺圈、营销圈、政论圈、情感圈、美食圈、财经圈、旅行圈、运动圈，等等，在各个圈层中，每个人都会通过不同的载体和行为不断地呈现自己的格调，让别人感觉到他是精明能干的、时尚潮流的、有艺术气质的，或是关爱家庭的、热爱工作的、喜好运动的、自由创新的、独立叛逆的，抑或是成功的、有钱的，等等。

消费的内容和行为是人的核心展示载体，人的吃穿住用行都在最直接地传递着人的阶层属性、喜好和特质。消费者的每一次购买选择，除了满足基本的功能需求之外，更多的是看能在多大程度上去体现消费者的格调，去实现和证明消费者的存在。

购买有机食品，更多的是为了体现自己是一个有消费品位、有消费能力、追求生活品质的人；在酒桌上忍受嗓子灼热的难受也要举杯痛饮，是为了证明自己是一个豪爽、合群、重视朋友义气的人；为了一斤白菜、一个水果的价格死缠乱磨，争吵不休，是为了证明自己是一个精明能干、节俭持家、理不服输的人；佩戴一块名表、穿上满身名牌是为了证明自己是有一定身份和社会地位的人，是有消费品位和消费能力的人……

不在圈子，就需要想尽办法包装自己，进入圈子；进入了圈子，受到环境影响就有了攀比；显示自己与众不同，就需要炫耀；体现自己高人一等，就要追求更高的圈子。

品牌与产品就在消费者的追求认同、攀比、炫耀的巨大需求中被赋予无限的意义。一切的品牌最终都成为消费者追求自我认同的载体，一切的消费行为都有意无意地承载了炫耀的影子，这种炫耀比产品基本功能具有更大的"溢价"能力，品牌的社交价值就被呈现出来。当一个不受欢迎的孩子，看见那些受欢迎的孩子都穿着耐克的衣服和鞋子，他就会理所当然地认为，他需要耐克，因为这样他就能够融入团体，被接受，受欢迎。当一个创业者在商务交往中，发现成功的、受欢迎的、被重视的人都开着奔驰牌的汽车，他就会毫不犹豫地去购买奔驰车，他相信这样他就能更有成功者的姿态，被人接纳。

这就是归属感，归属感是社交的基础，人都是因为希望归属于某个团队、某个组织、某个思想、某套价值观，才会实施社交行为的。

自媒体时代，一切消费都是社交

19年前，一只小企鹅诞生了，从此，QQ就一直陪伴着这一代人。无论是在家庭、网吧还是办公室，只要有电脑的地方，就能听见QQ提示音，直到如今，它仍是时刻回荡在心际间的一道音符，成为一个记忆标记。

QQ开创了一个时代，彻底地颠覆和改变了人的沟通方式，让人的交际圈从朋友、家庭、同事、邻居一下子扩展到有电脑、有人的任何一个角落。人们之间的交流不再需要预约、寻找一个固定场所，只要自己需要，便能够向任何一个熟悉的、不熟悉的人发出沟通的信息。虽然是虚拟空间，交流的结果也不得而知，但却最大限度地放开了人的思想，可以毫无顾忌地感受心情，不受任何交流环境和人的特点的影响，自由自在，敞开心扉。

人第一次在没有时间和空间限制的环境中实现信息交流和共享，信息的单向传递方式彻底改变，信息的控制变得异常艰难，所有的人都成为信息的创造者和发射源。信息量呈几何级爆发增长，专业的信息受到挑战，一线的信息在民间第一时间得到传播，人的社会性需求在媒体层面得到解放，分享信息成为共同的爱好，每一个人都从信息的接受者变为信息的主人。

从博客、微博到微信，从文字、语音到视频，自媒体已经渗透到绝大多数消费者的生活之中。根据中国互联网络信息中心数据显示，截止到2015年，中国社交网站整体用户覆盖率达到62%，其中QQ空间渗透率高达57%；网络视频用户规模达5.04亿人，用户使用率达到73.2%；搜索引擎用户规模达5.66亿人，使用率达到82.3%；通信用户规模达到6.24亿人，占网民总体的90.7%；微信用户数量达到6亿多人，使用比例保持在80%以上；微博月活跃用户为2.36亿人，互联网博客/个人空间应用用户规模为4.7亿人，使用率为71.1%。

当所有的自媒体内容搭载上移动终端的工具时，信息的生产和消费就变成随时随地，每时每刻。当马路上、公交车内、地铁里、家中、商业区遍地都是低头族时，自媒体已经成为最大的信息平台与集散地，也成为最大的社交平台与聚集区。

关系转化购买

无论是早期的粉丝营销，还是后期的网红模式，都在疯狂过后遭遇到无法实现购买转化的瓶颈。自媒体本身只是一个通道，并不能确保粉丝的活跃和忠诚，只有自媒体中的内容才能够推动流量的变现和维系对粉丝的黏性。罗振宇在2017年跨年演讲中提出"超级用户"的概念，只有超级用户才能和品牌形成强关系，强关系才能推动用户购买，带来更高的转化率，拥有强关系能力的自媒体才能成为卖货主力军。

成立仅一年半、粉丝不过16万的时尚自媒体"味姨"是社交内容电商的代表。从做电商开始，"味姨"每个月的流水达到100万元，每个粉丝的年贡献额达到84元，其小程序进店铺的转化率在30%~42%，通过文章购买的转化率是12%，复购率达到60%。

"味姨"成功的秘诀在于关系营销，实现的方式是做社群。"味姨"把付费超过500元的粉丝组群，一共建了5个群，每个群有500多人，在这5个群里，运营人员只做一件事，就是给粉丝安排好东西同时提供专业的穿搭建议。建群之前，"味姨"的运营人员会清楚地说明这个群就是用来买东西的，自愿加入，同时会在群里不定时地发放福利，比如秒杀活动、红包等。"味姨"的主要产品是美妆品类，SKU保持在110个左右，每一次选择产品也都会在5个群里发起投票，粉丝反馈好的留下，粉丝不满意的会定时清除。社群营销的结果是带来了粉丝的强黏性，2017年"双11"期间，"味姨"实现了120多万元的销售业绩，其中40%的销售额来自于这2500多位超级用户。

分享伴随消费

曾几何时，我们吃饭只是为了充饥，我们买衣只是为了避寒，因为还在温饱阶段，人不会有太多的需求，商品也只是满足物质功能而存在。一旦温饱得到解决，人的社会性开始彰显，所有的消费开始演变为社会性需求，所有的产品也不能再单单满足于物质功能性。

其实，每一种消费行为，都是人的一种展示。这种展示不仅是展示价格的高低、商品的优劣，更多的是展示人的情感、性格及其心态。我们购买大品牌产品，是希望让人感觉到是有品位的人；我们不断地砍价，挖空心思地要求优惠，是为了展示精明的一面；我们追求最新科技的产品，是为了告诉别人，我们是时尚的、潮流的。你希望体现小资情调，你就会去泡星巴克或者出入茶室；你希望体现你的健康活力，你就会一身运动装，晒着健身照。消费的社交心理在自媒体产生之前，存在于自己的周边；在自媒体产生之后，便可以尽情地在更大的范围内展示。

翻看微信群，打开微博圈，到处都是美食照、景点照、漂亮服装照。发现一个有趣的店面，找到一个满意的产品，人们都会在第一时间分享出来。产品的外观、卖点、消费的感受就在不经意间传递到很远，从而刺激着无数人的消费欲望，影响到无数人的购买选择。如果说以前销售就是一次营销行为的终结，那么，现在销售则是整个营销活动的开始。

既然每一次消费都成为社交行为，鼓励消费者以自己的产品和品牌作为社交载体就成为一个课题。如何在外观设计和产品创意上让消费者乐意传播；如何在产品的使用感受和场景塑造上让消费者值得分享；如何在店面的形象和体验上让消费者感到满足和被感动，如何塑造打动人心的话题让消费者得到宣扬的内容，都将能刺激消费者的炫耀式传播、口碑式推荐，让所有的自媒体都成为免费的广告。

人群自组圈层

从最初的社交通信工具，不断迭代成长为连接人与人、人与服务、人与商业的平台，微信打破传统社交限制，创造了新形态社交圈，并由此衍生出巨大的营销价值。比如咪蒙、罗辑思维、脉脉、同道大叔等，就是通过微信这个渠道为人所熟知，并渐渐累积大量粉丝，通过粉丝经济获取红利。不到六年，微信已给我们的生活带来了翻天覆地的变化，让无数的媒体人找到了快速变现知识才能并实现自我价值的绿色通道。

不同的人群分享不同的内容，不同的内容体现不同的格调，也就暴露了人的基本特性，具有相同特性的人就会因共同的分享、评论、讨论而不断聚合，形成具有共同特征的一个个群体。这些群体随着聚合的人量增加，共有的消费行为形成一定规模便成为一个细分市场，满足这个细分市场的产品和营销就是圈层营销。

端午节的粽子与情人节的玫瑰

吃粽子是中华民族民间节日端午节的传统习俗，距今已有 2000 多年了。端午节已经被定为国家法定节假日。不过我们发现，粽子作为端午节的核心产品载体，如同中秋节的月饼一样，正在经历市场的衰退。各种旅游、游园、团聚等活动渐渐占据主流，粽子在年轻人中的消费量和消费频度正在下降。一方面是粽子本身并不是一个符合现代生活需求的产品，糯米不易消化，空腹不宜多吃，胃肠病、糖尿病、心血管病患者不宜多吃等是粽子的先天缺陷；更重要的是粽子作为一个产品，2000 年前是满足消费者吃的需要，今天仍然只是满足消费者吃的需要。吃粽子只是一个形式，而且是一个可有可无的形式，不吃粽子消费者感受不到不安和缺失，吃了粽子消费者也感受不到有什么好处和价值。我们不会因为没有粽子吃而难受，也不会因为不吃粽子而受到旁人的白眼和冷落。

情人节本是西方传入的节日，玫瑰是情人节的核心载体。所有的女性都在这一天等待玫瑰的出现，并把能否收到玫瑰当作当天群体间攀比的象征。收到玫瑰是一种幸福，一份欣喜，收不到就会有无比的失落。玫瑰本身并没有直接的使用价值，但它却比粽子更受到大众的欢迎和认可。原因在于，粽子仍然停留在满足食用的基本生活需求上，而以玫瑰为代表的产品更注重精神的交流。因为有了精神的交流和情感的表达，玫瑰获得了比粽子多得多的附加价值。一个女孩，情人节收不到玫瑰可能会被人鄙视；一个男孩，情人节不送玫瑰就会心有不安，玫瑰成为倾诉爱的人们在情人节这个场景中不得不借用的道具，而花的好坏、多少、寓意成为判断诚意的标准。

粽子虽然拥有悠久的历史和可靠的食用价值，但无法征服今天消费需求升级后的消费群体，这是因为它的势能不足，一是粽子本身的价值感不足，二是其能量吸引力不足，无法构筑成足够强大的社交场。而玫瑰则正好满足了消费者的社交需求，让消费者在花的传递中去体验爱，在爱的场景中去征服消费者的心。

产品消费的社交需求就是通过产品的使用和消费获得别人的认可和尊重，而品牌的势能强度是否足以征服旁观者的视觉、听觉和认知，则成为品牌需要解决的关键问题。

解决品牌场景与社交需求的矛盾

无论是供给侧改革、消费升级，还是海淘风潮，都反映出市场供需间的矛盾，这个矛盾的根源在于品牌供应未能跟上消费升级的步伐。我们的产品开发、营销行为、价值诉求还停留在低层的消费需求上，品牌不具有吸引、凝聚升级后消费者的能力。当社交成为一种消费需求，企业就需要在品牌塑造和消费体验中为消费者提供可以社交的内容，创造可以社交的机会，提供赢取社交价值的砝码。

消费价值是功能价值与社交价值的叠加，消费成本也是产品成本与社交成本的综合。随着自媒体的发展和消费水平的提升，随着物质生活的富足和精神消费需求的旺盛，在消费价值感知中，产品的物质成本占比越来越低，产品的社交成本占比越来越高。

由于社交需求已经成为必需，如果品牌本身不具备社交的价值，消费者就需要花费更多的成本和精力去满足他炫耀与追求认同的需要。如果你是个有面子的人，工作在体面的写字楼，住在高档的社区，你就不会去路边摊点买个烤红薯，或者选购一斤青菜、挑选一块猪肉，纵然你不怀疑产品的质量，你也喜欢产品味道，但你担心被人瞧不起，担心失去消费的身份感。为了实现消费和满足这个需求，你不得不走进高档精品店，去购买价格翻番的青菜，选购壹号土猪肉、澳洲牛肉。

降低消费者的社交成本是"高势能"品牌的必需，消费者也愿意为具有社交价值的品牌支付相应的甚至是不对等的溢价。当今社会，无处不社交，要实现品牌的口碑传播，社交价值至关重要。一个没有分享欲和炫耀欲的品牌，拥有再好的功能和品质也只能自得其乐。一个具有"高势能"的品牌，就是一个社交的载体、社交的平台和社交的媒介，如图3-1所示。

产品是沟通自我 · 包装是分享内容 · 品牌是情绪表达 · 场所是社交载体

图 3-1　品牌的社交属性

产品是沟通自我

李安曾说：最好的电影不是你说了一个多好的故事，而是你在观众心里激起了些什么。你不要把你的感受告诉大家，没有人在看你，他们是在看自己。

一个好的产品能够无声地与消费者连接，产生心的呼应。

这需要我们把处在链条最末端的营销放到第一步，在产品设计的时候就考虑到营销，让产品开发出来就天然具备营销的能力。

好的产品名称能够让消费者产生直接的联想，以最短的时间形成记忆，这可能是一种美好的心灵感受，也可能是产品利益的最直接表达。"康师傅"作为方便面产品，传递了专业、可靠的产品特质；"飘柔"作为洗发水产品，它的名称就告诉了消费者产品的全部。

包装是分享内容

在社交媒体盛行的今天，赋予产品包装一种新的内涵，包装就会被作为分享与扩散的内容，被用户积极地分享和转载。

2011年，可口可乐在澳大利亚发起"Share a Coke"的夏季营销活动，将150个澳大利亚非常流行的名字印在可乐瓶上，还为这150个名字量身定制了150首可乐歌曲。2013—2015年，营销活动延伸到欧洲、美洲、亚洲市场，关于瓶子的创意层出不穷：昵称瓶、歌词瓶、盲文瓶、台词瓶……不仅带动各地可口可乐销量大涨，而且成为一种新的流行风尚和话题。

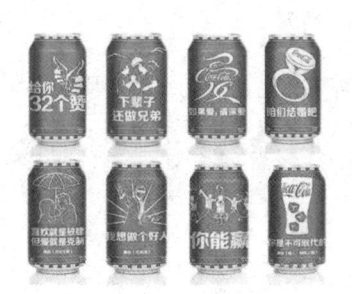

面对可口可乐的强势进攻，百事可乐开发出一套70个风格各异的Emoji表情（也称"表情包"），2016年夏天投放到全球市场。emoji表情是智能手机用户使用频率最高的交流载体，百事将emoji表情放到包装上，搭载上了社会化媒体的全新沟通方式。

品牌是情绪表达

购买产品是购买一种态度、一种心情和一种情绪。一个品牌需要具有稳定的主流情绪，来给予消费者以信赖和安全感。当这种稳定的主流情绪在消费者的脑海中凝聚成目标消费群的精神力量后，这种情感就能激发消费者的互动。

位于中国台湾台中的日出大地乳酪蛋糕店，现在已有四家，分别叫"大地""修道院""旅人"和"土凤"，每一家都异常地受人们欢迎。其实，到日出大地买蛋糕的人多半是因环境和体验而来，在这里可以沉浸在美术馆、书店似的悠闲环境中，慢慢品尝美味，找到放松心情的感觉。

这里的品牌表达别具一格，用微笑、环境和文字去融合消费者的情绪。

文宣是这样写的：我们情愿麻烦。原料是新鲜的，罐头不用；乳酪是顶级的，次级不用；口味是大地的，化学不用；配方是健康的，油腻不用；包装是环保的，堆砌不用；坚持是麻烦的，但坚持过后，担心就不用了。

包装是这样写的：原来是不一样的日出，这一天的不一样，让大家排队等着日出。紧跟着健康的队伍，就找到了日出，找到了日出，也就找到了妈妈的味道。

场所是社交载体

每一个消费的场所，都应该是个人情绪释放的地方、群体相互交流的地方、个体寻找归属的地方、获取他人认同的地方。每一个消费的场所，都应该具有温度，蕴含社交的基因。

星巴克从一个西雅图小公司发展成为全球的商业帝国,"社交理论"是其核心价值观,这种核心价值观起源并围绕于人与人之间的"关系",并被誉为城市白领的"第三空间"。

星巴克不仅是一家咖啡馆,更是一个休闲社交的场所。它独特的选址成为逛街的歇脚处和私人约会的等候地,成了消费者放松和社交的另一个场所的选择。一些公私事务、朋友拜访,都可以相约来到星巴克。在这里你可以找一个自己喜欢的位置,看书、发呆、品味咖啡,尽情享受;你可以带上笔记本电脑上网、办公、学习;你可以约上三五好友边饮咖啡边聊天,畅谈与交流。在星巴克,无论是家庭或朋友的聚会、情侣谈心还是个人享受,都可以找到属于自己的空间。

社交理念是走向体验经济的思想渊源,体验经济就是让品牌与产品同消费者对话,当社交的理念结合体验的场景,并拥有足够的受众,就为品牌构筑了一个强大的"场"能。产品与品牌的社交思维只是提供了社交的内容,让消费者有了展示自己的机会和舞台,要使品牌的社交理念得到最大的发挥,还需要火上浇油,锦上添花,推进社交化营销,让品牌的社交性最快、最好地体现出来,如图3-2所示。

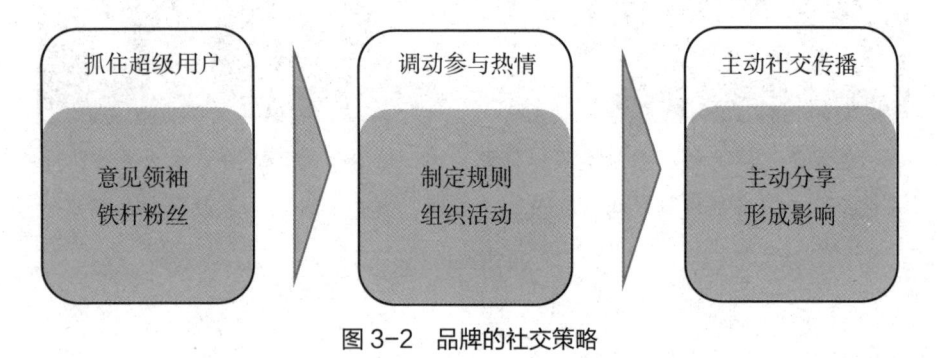

抓住超级用户 → 调动参与热情 → 主动社交传播

意见领袖　　　　制定规则　　　　主动分享
铁杆粉丝　　　　组织活动　　　　形成影响

图3-2　品牌的社交策略

1.抓住超级用户。

榜样的作用是无穷的,社会上的主流人群都是跟随者和随波逐流的人。要推动品牌的社交化,品牌就需要分析与评估自己的消费者,寻找到一群对自身品牌高度认同的人,通过他们去带动、感动和影响更多的人。超级用户或意见领袖本身就是社交的发动机，他们自身的魅力能够影响大量的粉丝群体，帮助品牌获取流量，建立黏性。

2. 调动参与热情。

找到了超级用户，就需要深入分析他们的动机和喜好，策划并传递给他们自身感兴趣的内容，这些内容不是品牌的宣传但需要与品牌息息相关。活动始终必不可少，品牌需要组织各类活动，为这些超级用户搭建展示的舞台，这些活动能够将超级用户与他们的粉丝群体连接起来，形成互动，达成认同，从而达到传播品牌的目的。

3. 主动社交传播。

当整个粉丝群体、社会公众和意见领袖开始充分互动时，品牌就需要跟随他们的行踪迅速进入社会公众之中，并通过品牌本身的社交内容的吸引力，带动群体间的互动和分享，从而完成一个社交营销的循环。

作为一个东方护肤品牌，佰草集成功挺进欧洲市场，获得欧洲时尚界的认可，是超级用户策略的成功范例。在欧洲，有一群"中医通"，他们认可东方文化的神秘和高雅，他们有旅游中国或学习中医的经历，他们在自己的圈子内传播中医及中医文化并有内在的驱动力和满足感，他们拥有自己的社交媒体，非常积极且愿意传播他们理解的中国文化和审美哲学，他们是佰草集最理想的意见领袖。

佰草集通过数据库和社交媒体的监控，锁定了这批超级用户，为他们量身订制了大量的中医文化资料，并通过组织主题沙龙等形式将信息传递出去，再由他们扩散到自己的圈层中，短短的时间内，便呈现指数级扩散。

当这些意见领袖被发动起来，主动在欧洲的时尚媒体讨论汉方养生方式并自发建立Facebook专页时，佰草集便主动与欧洲当地针灸及中医诊所等中医文化关联机构建立联系，进一步扩展中医文化及佰草集中药养肤理念的影响力。同时，佰草集还通过赞助法国巴黎中国电影节、在巴黎市政厅举办贵宾招待酒会、与孔子学院及中医药大学留学生合作开展论坛研讨会等方式，增加品牌曝光率，使品牌成为法国特定圈层中的热门话题。

品牌的社交属性是围绕消费者精神需求构筑起来的品牌竞争壁垒，没有社交属性的纯功能性产品在当前市场环境中能够被轻易替代。作为一个具备足够影响力的品牌，必须是一个消费者社交与炫耀的出口。小红书APP，专供用户分享吃穿玩乐买的生活点滴，充分满足了海外购物者的炫耀心理；胡桃里，一种新的夜生活方式，已成为年轻人相互表白、社交的标志性场所，在胡桃里，不用花太多的钱就可以吃到美食，听到好听的现场音乐，喝到地道的红酒，俨然是一种可以用来体现自我的新的生活方式，所有的用户都会随时随地分享。

自媒体已经成为信息传播的主流渠道，"85后"已经成为消费生活的主角。未来的品牌塑造或服务场所，如果不能触发消费者的内心炫耀感，不能激发消费者的积极分享，将很难快速地火爆和获得持久的关注力。

当你跟一个朋友或同事出差，如果你的标准只能住经济连锁酒店，而朋友或同事住的是香格里拉或万豪，你一定会自己贴补费用去打破规则，住进同等规格和档次的酒店。即使你满足于经济连锁酒店的品质和服务，你也忍受不了内心的纠结和不安。

消费的本质，其实都是社交。

案例：小妖挑吧，社交理念玩转新零售

小妖挑吧是2015年在长沙创立的社交餐饮连锁机构，定位于白领的第四空间，将线上移动商城、白领社群和线下甲级写字楼体验店高度整合，以新零售的思维、社交的理念，为商务区域白领提供一个轻奢餐饮、休闲生活的平台。根据与小妖挑吧的品牌运营者"龙希望先生"的深度交流，一个社交餐饮品牌的初衷、成长和发展浮出水面。

一、痛点：白领上班群吃饭缺乏品质，生活缺乏社交

正在高强度奋斗的白领上班群，工作成为一天的全部，吃饭成为一种奢侈，社交已无机会。囊中的羞涩和时间的紧迫，使他们无法去追求高品质的午餐，无法去享受群体间的狂欢，快餐与外卖成为他们的标配，办公室成为他们唯一的交际圈。

小妖挑吧决心要打破这道藩篱，为白领上班族打造一个除了家、工作之外的

第四空间（见图3-3）。小妖挑吧的所有店面都建在写字楼，与消费者保持在500米以内的距离；小妖挑吧精选全球美食，提供简单、方便、美味、富有品质的轻奢餐食；小妖挑吧举办各种生活美学交流，让消费者获知信息，结交知己；小妖挑吧提供便捷的网上订餐，定制丰富的个性化服务，打造白领上班共享平台。

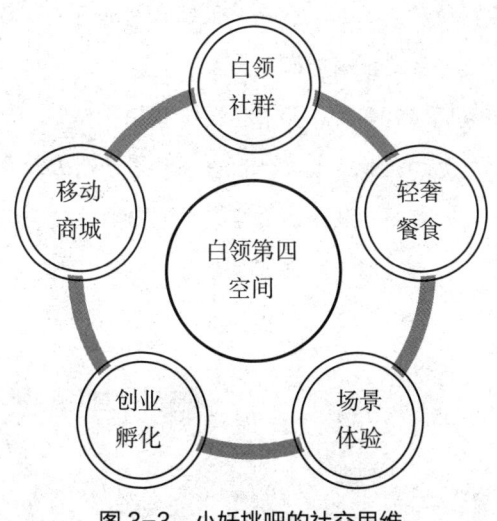

图3-3 小妖挑吧的社交思维

在小妖挑吧的互动区，"地标美食""白领吐槽特区""单身贵族""智慧场"等内容渐渐成了品牌核心，在这里，使用者通过在喜好、帖子、签到或者留言中互动，转发至朋友圈，形成了神奇的品牌传播过程。

小妖挑吧建有自己的粉丝基础，利用社交图谱围绕白领生活的各个话题以及小妖挑吧提供的各种美食展开讨论，充分满足上班群的分享爱好和炫耀心理。

二、品牌：产销协同整合供应链，全渠道打造新零售场景

小妖挑吧的极致产品、极致品质、极致美味来自于产销协同的生态机制，来自于消费者的深度参与。小妖挑吧实施了客群＋任务＋时机的机制创新，形成场景化产品解决方案，构筑社会化协同产品研发体系，通过消费者、专家团队以及小妖挑吧美食健康营养研究院，开始立项、打造概念、制订方案、研发、评定和首发的过程。

根据新零售的效率本质，小妖挑吧直接整合体验店、电商、第三方平台、

移动端和社交电商五大渠道，适应并满足白领上班族的各种消费场景。

小妖挑吧以办公楼宇现实环境圈定社交圈，提供客群内的互动关系营造，打破楼宇中楼层与墙面的隔阂，让虚拟的社交圈更加牢固稳定，不再是商家组织推广活动，通过优惠等吸引客群用已有的社交圈被动分享，而是策划营销的活动本身就基于客群的社交关系，引导并帮助客户更多地社交，并一起体验消费，加固客群的社交并扩展出新的社交关系线。

三、生态：用数据成就管理，用算法精细营销

小妖挑吧建立起更加开放、共享、联合、整合的新零售模式，通过大数据系统，把会员、产品、促销、物流、订单全部进行打通，把数据收集起来，最终构成以数据为中心的生态圈，如图3-4所示。

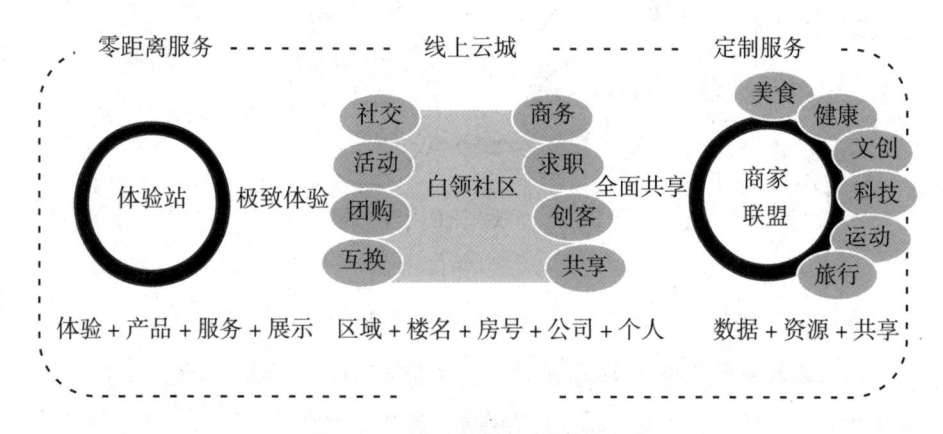

图3-4 小妖挑吧的品牌生态系统

无论是线上还是线下，消费者与品牌间交易和互动的所有环节和路径，包括产品卖给了谁、他为什么感兴趣、回头率有多少、有多少利润贡献，以及核心会员对美食的评论、对健康的评论、对旅游的评论，小妖挑吧的系统都会记录、抓取，并进行精准分析。

清晰的用户画像、不断累积的消费数据已经成为小妖挑吧的核心资产，为企业未来的定制模式、精准营销、智慧物流、门店选址甚至是美食开发都起着决定性的意义。

第八章　品牌升级法则五：捧场——体验的思维

> 入耳——讲出一个自己都不确信的谎言，或不知所云的概念，受众左耳进右耳出；入脑——讲述一个仔细衡量的利益点，触碰用户隐藏的某种真实需求，受众便会存放于大脑去思考和选择；入心——讲出一个从心底流淌的对用户有真诚帮助的价值体系，拨动用户的情感神经，引发心的互动和交流，就可带动一次无言的沟通。

没有观众的晚会、没有收视率的影剧、没有听众的演讲都是失败的，无论是倡导一件事情，还是举办一场活动，我们关心的就是人气，要有人捧场，捧场的过程就是体验的过程。

所谓的体验式营销，就是通过营销场景的设计，让消费者获得五官的刺激，从而激发消费产品的欲望。消费体验能够充分调动消费者的感性和理性情感，并在氛围的营造下让消费者更充分地了解产品，产生对品牌的信任。

用户体验思维的诞生是商品经济发展的必然结果。我们的商家与消费者的关系正在由"买卖关系"升级为"服务关系"。

传统的生意模式很简单，产品选择不多，产品信息不透明。消费者根据自己的信息积累选择产品，到不同的商家比较价格，在价格的比较和卖家的信息诱惑中择优选择，完成交易。

随着产品种类的不断增多，消费者的产品知识不断丰富，产品本身的价值感知越来越相似；互联网、自媒体的普及，使得各种商品的价格越来越透明。单纯建立在产品价值博弈中的买卖关系已经失去了存在意义，因为消费者不再需要博弈价格，也不再需要从商家口中获取产品信息。

当买卖失去意义，消费者的选择标准更多地聚焦在了服务感受上。这种服务能够让消费者有不一样的身心体验，能够让消费者更加方便和有效率，能够让消费者更感受到尊重和认可。过去卖水果，就是简单的商品交易；今天卖水果，我们或许需要提供现场榨汁服务，需要告诉消费者科学合理的配比，告诉他们更好的水果搭配，告诉他们水果最佳的消费时间，等等。

案例：缺乏体验与服务感的顺丰嘿客

顺丰嘿客是2014年在O2O的大潮流下，由顺丰投资建立的线下连锁体系，最高峰时达到了2000多个店，最终付出了近16亿元的代价。

电商的火爆最基本的特征在于规避了多层级的销售体系，从而拥有了无与伦比的价格优势，并能够在家完成所有购买流程，极大地解放了购买者。而电商的最大劣势在于只是简单的买卖关系，没有任何实质的互动和体验。线下店面的核心竞争能力也就在于购销双方的充分互动、环境的即时感知和产品的全面体验。

顺丰嘿客只是简单地将线上销售模式转到了线下，相当于在各个商圈和社区开设大规模的淘宝店。但顺丰嘿客不具备淘宝的品牌优势和先发优势，更重要的是，消费者本可以在手机上、电脑上随时完成的电商交易，根本没有任何必要去一个店里面完成，这是对其时间和精力的巨大浪费。淘宝是互联网平台的虚拟商店，顺丰嘿客则是遍布街区的实际店面，经营成本有着天壤之别。

顺丰嘿客的店面没有产品，只有图片；只有简单的下单交易，没有任何品牌的互动。无论是相比于购物中心的一条龙消费体验，还是相比于超市的多样化选择感受，抑或是相比于便利店的即买即走的便利性，顺丰嘿客都没有任何优势。

顺丰嘿客的失败并不是简单的跨界失败，而是消费需求和价值提供错位的失败，顺丰嘿客提供了电子商务交易的价值，却想满足的是消费者体验需求强烈的线下购物模式。没有体验感的购物店，消费者就没有捧场的理由。

创造体验，就是要让消费者具有看见后想用、用时好用、用后还想用的心情感受。这需要三个完整的场景塑造，如图 3-5 所示。

```
造境 ▶▶ 入境 ▶▶ 化境
创造体验        营造场景        打上烙印
触发顾客的痛点  让顾客身临其境  留下美好的记忆
    ↓              ↓              ↓
  愿进入         好感受          有联想
```

图 3-5　品牌场景塑造三步法

一是创造一个环境，这个环境必须形成对消费痛点的精准刺激，让消费者有体验一把的冲动，从而进入并参与；二是对消费者产生欲望上的诱惑，让消费者产生不一样的感受和记忆，有一种参与的愉悦感；三是通过体验场景设置，让感受嵌入内心，能够想到自己拥有消费的情景，并联想到各种美好的事情。

造境，触发顾客的痛点

消费者的品牌消费过程是异常复杂的，不仅关系到功能、利益、美感、方便、安全等基本的理性因素，也涉及感官、情感、情绪等感性因素，甚至包括知识、智力、思考等精神因素。这些因素综合地反射到消费者的感官中，会在消费者头脑中形成对品牌的印象：喜欢、赞赏、讨厌、憎恨，等等。鉴于此，品牌对于消费者来说并不是被动式感知的，品牌可以围绕消费者的感性、理性或是精神层面的需求去设置相应的元素，诱发消费者的感知向品牌所期望的方向发展。

这就是体验，与消费者的经历有关，与消费者的生活有关，与消费者的遭遇有关。品牌挖掘消费者需求的过程，就是寻找消费者经历中所容易激发的欲望，通过体验的诱惑解决他们心中的痛点，产生积极的正向反应。

通过造境触发顾客的痛点，需要深入消费者的内心，去洞察消费者生活的场景，找到消费者情感、情绪方面的顾虑、恐惧、不安和不满，从而设计品牌的产品和服务去满足他。

当咖啡被当成"原料"贩卖时，一斤可卖三百元；当咖啡被包装为"产品"时，一杯就可以卖一二十元钱；当咖啡产品中加入了"服务"，在咖啡店中出售时，一杯最少要几十元；如果能让咖啡成为一种香醇与美好的"体验"，让顾客感受到一种休闲或是社交的作用，一杯就可以卖到上百元甚至是好几百元。体验越强，诱发的深层欲望就越明显，品牌的价值就越大。

共享单车洞察到消费者最后一公里出行的痛点，创造出了上下班、逛街、游玩的出行场景；专车租赁抓住了出租车不够方便的痛点，通过整合私家车碎片化的时间创造出了方便高效租车的场景；无人驾驶技术抓住了司机易于疲劳、交通事故难以避免的痛点，创造出了无人驾驶的场景；许多餐饮店抓住消费者吃饭时无聊、孤独的痛点，创造出餐饮+休闲+社交的用餐场景；金融机构抓住消费者渴望消费但钱少的痛点，创造出了信用消费、借贷消费的场景。

案例：壹点壹客，找回生日的温度

深圳是一个工作强度高、压力大、以年轻人为主的移民城市，"拼"是这个城市的根本特征，没有多少人记得生日，更没有多少人去认真过一个生日。生日这个一年一度的纪念自己、慰劳自己、体现亲情和友情的节日在深圳没有了温度和热度。其实，每个人都有好好过生日的意愿，但面对竞争的残酷、现实的压力，我们通常会为了轻松而选择放弃。

壹点壹客是深圳本地的一个蛋糕品牌，敏锐地抓住了深圳人难以好好过生日的痛点，通过打造"生日场景一站式服务商"的新品牌战略，跳出了蛋糕店卖蛋糕的传统业务模式，开辟了一个新的蓝海市场。壹点壹客不再是销售蛋糕，而是为消费者策划生日会，帮助消费者找回生日的仪式、生日的记忆和生日的温度。在这里，蛋糕成为整个生日服务的一个载体，服务成为产品的核心，围绕生日主题的所有礼仪、物品、氛围营造构成了整体产品的价值，这个价值远远超越了蛋糕的价值。这不仅是体现在价格上的附加值提升，更是对消费者心灵的最大震撼和冲击。

2017年，壹点壹客以"庆祝生日怎能少了壹点壹客"为品牌口号，全面进军生日场景市场，提供贴心温暖的许愿精灵生日会私享服务，唤醒人们过生日时曾经丢失的存在感、仪式感、文化感，成为一个构建生日文化产业链，传播生日文化、庆生文化的蛋糕服务品牌，不断地将欢乐、幸福、喜悦带给消费者。

生日作为一种文化，无论蛋糕如何精致、选料如何用心，都很难用单一的产品体现出来。一旦进入生日会的营造，一种全新的体验感便油然而生。只有在这种色、光、音、物兼备的氛围内才能让人深刻地体会到生日的意义和文化。这种人为塑造的场景，唤醒了隐藏在消费者心中的痛点，给予了消费者真实的愉悦感受，增强了品牌的无限凝聚力。

入境，让顾客身临其境

我们正在进入到虚拟现实技术的应用阶段（VR）。虚拟现实技术因其完美的体验在各行各业获得广泛应用。依靠3D技术的虚拟现实游戏能让消费者真实地感知到未来的战争状况，能让静态的艺术转化为动态的展现，能让抽象的无法理解的天体物理现象呈现出来。

虚拟现实技术被企业应用到产品销售中，能够塑造出产品应用的各种场景，也能够立体地让消费者了解产品的方方面面。当房屋设计师将构思变成看得见的虚拟物体和环境，能够让客户获得完美的方案体验；当产品对比和内部功能通过3D视频技术多角度、动态地演示出来，消费者就能清晰地了解产品内部。

所谓入境，就是创造一种环境，让消费者参与进来，处于产品或服务的消费模拟之中，能够感知和体验到消费时的具体状态，这要求品牌以终端为舞台、以商品为道具，环绕着消费者，创造出愉悦的参与经历。

正常的体验环境塑造，包含情景化的商品展示、人性化的购物体验、立体化的售卖气氛、互动化的销售形式，如图 3-6 所示。

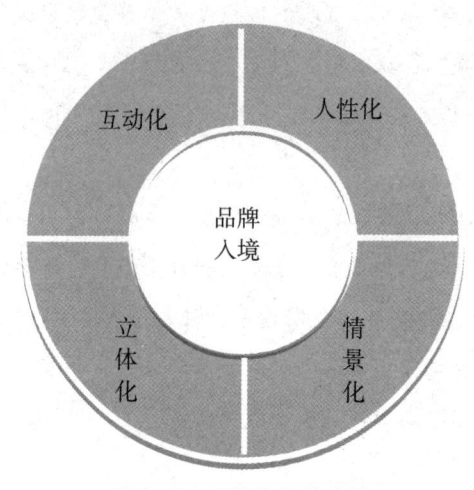

图 3-6　品牌入境的内涵

情景化就是将产品置身于切实的消费者使用环境，让消费者全方位体验产品与品牌所带来的文化与生活方式的联想。

人性化要求品牌环境为消费者着想，关注消费者、尊重消费者，最大限度地满足消费者的要求，在品牌接触点做到为顾客而思、为顾客而虑，做到以情动人、以诚动心、以物蕴情。

立体化体验就是让消费者在购物的过程中，在听觉、视觉、味觉、嗅觉与触觉"五觉"方面产生愉悦感。

互动化就是将情境营销融入终端，攻心为上，从情感层面把握顾客，让消费者成为终端体验情境中的一个要素。吸引消费者参与，让消费者身处终端的体验环境中，使消费者成为体验环境中的要素，与环境发生互动和关联，从而与品牌进行深度的沟通。

购买家具的人都有体会，我们进入一个家具店，看着琳琅满目的家具，我们通常只能近观，而不能触摸，只到我们确定购买完成交易。但是宜家不一样，宜家家具店永远都是人流爆满。作为全球最大的家具零售商，创造出了自由组装的人性化家具购买新体验。在这里，没有紧随其身的导购服务，消费者可以任意地观看、摆弄、组装自己喜欢的家具，消费者看好家具后需要自己去仓库提取货物零件，需要回家后自己组装成品。一个"自己动手"的营销创新，让消费者有了自己动手、投入劳动的绝佳体验，付出更显珍贵。在付出心血和汗水后，消费者对自己的劳动成果会有莫名的满足感，对自己的产品会产生更加深度的喜爱。

在美国纽约的耐克旗舰店，顾客可以与耐克产品专家进行一对一的交流，以清晰表达自己的产品需求。消费者通过现场的品牌数字平台，可随时了解产品信息。在店面个性化定制中心，耐克与当地的艺术家进行合作，可以为顾客的鞋履或衣服产品做特殊图案的设计定制。同时，耐克与苹果公司合作推出产品陈列区、足球场体验区、半场篮球体验区等。消费者购买一双鞋，就可以完美感受运动的魅力、领略专业的态度、体会体育的精神。

案例：依山依林，直入养殖场，体验高价值

如果你身在郑州，是依山依林高端鸡蛋的消费者，某一天，你可能就会收到邀请，免费来到150千米外的济源市。在山川如画、风景秀丽的王屋山脉腹地，群山密林中分布着上万栋精致的小别墅，这里是依山依林独创的别墅式养殖基地。同样的待遇，在贵阳也能够享受到，在远近闻名的黄果树地区，拥有同样的养殖基地。依山依林安全、健康的每一枚鸡蛋就从这里在5天之内送达每一个消费者家中。

中国的鸡蛋市场是一个充满矛盾的市场。大规模的养殖极大满足了消费者日益增长的蛋品需求，但消费者对蛋品的品质和安全也充满疑虑和不安；传统农家小院的土鸡蛋拥有很高的品质认知度，但无法形成规模，难以满足巨大的城市市场需求。

河南柳江禽业是一个有着30年养殖历史的企业，基于对行业的深刻认知

品牌势能 ▶▶▶
数字时代品牌升级的九大法则

和对消费升级的敏锐洞察，创新了别墅式生态养殖的新模式，既实现了传统农村土鸡蛋的品质保证，又实现了规模化的产品供应。这种模式，就是选择在中国生态环境最好的山林，采取超低密度养殖，来确保产品品质安全和健康。公司通过在河南的王屋山、贵州的黄果树建立养殖基地，在短短的一年之内，牢固地确立了在河南、贵州的区域市场领先地位，打造的依山依林鸡蛋成为中国中高端蛋品市场的第一品牌，成为全国养殖企业和养殖品牌的一个标杆。

显然，养殖的环境和创新的养殖模式是依山依林鸡蛋价值感和差异化的核心支撑。为了让消费者真正地、深入地感知到产品的价值，体验到品牌的内涵和追求，依山依林在河南和贵州市场大规模地实施基地体验营销，让消费者身临其境去体验那里的空气、鸟语花香，去感受鸡的生活环境和食物。许多消费者都会被现场所震撼，当消费者由衷地感叹"这鸡生活得比人还好"的时候，就证明消费者已经深深接受和认可了产品和品牌的价值。

在这里，消费者实地感受了梦境中的环境和氛围，还能在依山依林产品体验中心现场体验加工好的鸡蛋食品，在专业人士的讲解中去分辨鸡蛋的好坏，去品尝鸡蛋的味道。

依山依林的生产环境体验，不仅是产品价值的体验，更是生活方式的体验。对于我们这些整天生活在城市浮躁烦闷的空气里的人来说，重复的工作和单调的生活让我们乏味，平静的外表下掩盖着一颗颗躁动的心灵，当

我们漫步于依山依林为我们提供的生活场景中，我们都会感觉到，这无疑就是我们一直向往和追寻的世界。这个世界就是依山依林的生活，这种生活是高品质的，是安全和健康的，是有品位的。这就是品牌的内涵和要传递的能量，这种能量，通过基地这个"场"得到了认知和展示。

化境，产生关联的记忆

如果说"入境"是通过场景塑造让消费者在体验中感受到品牌与产品的价值，"化境"则是让消费者在体验中留下深刻的美好印象，并能够联想到自己消费时的情景。

金庸在他的第一部小说《书剑恩仇录》中曾经这样描述钱江潮：

只见远处一条白线，在月光下缓缓移来。蓦然间寒意迫人，白线越移越近，声若雷震，大潮有如玉城雪岭，际天而来，声势雄伟已极。潮水越近，声音越响，正似百万大军冲锋，于金鼓齐鸣中一往无前……潮水愈近愈快，震撼激射，吞天沃月，一座巨大的水墙直向海塘压来。

这一段文字在朗读中便能将人带入大潮之中，人未到，声已响。不仅能够深刻地感受到大潮带来的震撼感，而且就如同在现场一般，联想到自己观潮时的境况。

SubliMotion是西班牙的一家号称是世界上最贵的餐厅，餐厅用烹饪艺术和数字技术相结合为食客创造了一个"无与伦比的美食感官盛宴"。艺术投影、灯光变幻的用餐环境能给予客人极致的感官享受。这里的食物是变幻多彩的，在灯光效果下形成的一本巨大的书上，用试管制作自己的"血腥玛丽"；液氮冷冻的橄榄油浇在面包和西红柿上，展现出不同寻常的现代变化；单独的橄榄油包裹悬挂在一个配有挂钩的迷你晾衣绳上，慢慢地传递给客人们；最让人惊奇的是悬空旋转着飘到客人面前的甜点，它们会慢慢地减速只至你能够享用。

随着音乐的响起，房间内的温度、湿度甚至是气味都会因每道菜的不同而改变。在这里明明是来吃饭的，却好像在拍电影一样……有一种乱入到未来科幻世界的即视感。

有"中国最美菜市场"之称的香港本湾菜市场，将一个原本脏乱差的菜市场打造成了香港新地标，其表现出的"气场"远超一些精品超市。

进入有诸多怀旧的本地历史元素装饰组成的街道，让人一下回到历史的记忆中。水果区高处组合的是厨房用具，海鲜区高处组合的是世界名酒，杂志小店和爆品果汁店交相点缀，各种功能齐全的维修店让你特别省心。水果摊旁组合糕点店，可以现场制作和加工。新媒体及高科技互动随处可见，消费者可以通过"i-Chicken"视频系统选购活禽，半个小时左右就会将选定的家禽屠宰好送到市场交给顾客，顾客通过水果自动贩卖机可以购买新鲜水果，使用八达通卡能刷卡买海鲜。

品牌体验的场景塑造要达到"化境"的高度，在消费者心中打下深厚的烙印，留下欲罢不能的感受，需要在三个方面下功夫，如图 3-7 所示。

图 3-7 品牌化境三要素

美好记忆：在消费者心中留下美好记忆的场景体验能够形成深度的情感连接，成为消费者的一种精神慰藉和依托。

1. 情感刺激。

通过过去某种经历的刺激，激发消费者对某个时段的回忆，触动消费者内心深处的情感。比如"70后餐厅"，富有浓烈时代特征的装修风格和物品，能够在现代都市中将真正的20世纪70年代人拉回到儿时的记忆中，也能够激发"70后"的人去体验那个时代的氛围。

2. 科技震撼。

先进的技术总能给人以新奇的感受，让人产生探索的欲望。餐厅的送餐机器人、无人的零售店、方便快捷的支付系统、出入口的人脸识别技术、语音交互的智能服务，等等，任何一个新技术的应用和体验，都能够让人产生美妙的记忆。

3. 认知颠覆。

在消费者的习惯认知中通过场景和服务的感受创造颠覆式的革新，以巨大的反差让不可能成为可能，就能够起到倍增的效应。当消费者普遍认为的脏乱差的菜市场摇身一变为一个干净整洁的环境、舒适的购物氛围、极致的美食体验，综合水产、特色餐饮、生鲜超市和家居生活用品的生活美学体验馆的时候，这是巨大的心灵震动，在一种不相信却又是现实的环境中，消费者会被深深触动。

百安居B&T home新零售家居智慧门店经过全新升级在北京亮相，让消费者享受到"黑科技"的完美体验。消费者通过互动云屏或手持PAD可轻松完成人脸识别，刷脸即可完成商品采购；360度全景复刻技术可随时查看商品行情；VR超强显示技术让商品和房型实时对接，定制装修方案；AR购物技术让线上商品实现体验，能够在线搭配各种场景，选择最佳方案。整个卖场犹如一个科幻体验场，让人欲罢不能。

消费联想：将产品与一个消费者日常特定的生活场景相联系，成为该场景下的直接关联，促使消费者在任何时候、任何地方，只要是同一生活场景，就会自然地联想到消费该产品。

王老吉为了传递出"怕上火，就喝王老吉"的价值诉求，选择了火锅这个最容易激发消费者上火的生活场景。在王老吉上市第一阶段的广告中，所有的画面都聚焦在吃火锅"辣爽"的场景。只要消费者开始吃火锅，只要消费者体验到"辣爽"的感觉，他们都会自然联想到广告的场景，喝上一罐王老吉。

2017年8月，正当小龙虾掀起满城消费风云之际，加多宝在安徽、江苏相继推出"嗨吃小龙虾不怕上火"的盛宴活动。加多宝再一次将产品与流行场景有效对接，"吃麻辣小龙虾怕上火，喝加多宝"的品牌理念牢固地渗透到消费者生活中，形成高度关联的消费联想。

形成习惯：当消费者体验到某种场景后，不仅与自己的生活相关联，而且乐于去探讨、去分享，在探讨与分享中获得一个群体的认同，享受到社交生活的意义，就会成为消费者生活的一种习惯。习惯一旦形成，在这种特定的生活场景下，消费者就会自然地采取行动，否则心中不安。

"微信运动"是由腾讯开发的一个计量步行数据库的公众账号，用户可以随时查看自己每天行走的步数，同时也可以和其他用户进行运动量的比拼。

这种步数的实时统计，极大地满足了散步、跑步一族的炫耀心情。为了在自己的朋友圈中排名向前，为了体现出自己的运动能力，消费者会有意识地寻找自己的走路机会，乘电梯的地方可能改成走路，骑单车坐公交的短途距离可能改成走路，晚饭后故意抽出时间去马路边或公园里走几圈。

微信运动已经与消费者走路高度关联并形成习惯。每天晚上睡觉前，这些走路者会打开微信运动浏览当天的排名情况，会去给自己要好的朋友点上一颗红心；当消费者双脚离床开始移动脚步，他们会自觉地先打开微信运动开始累积步数；当发现自己的步数在当天获得了第一或是超过了两万、三万步，他们会截屏在自己的朋友圈展示、宣扬，以体现出自己的运动潜能。

品牌新思想：先场景，后品牌

当体验成为品牌的基础，场景则成为体验的基础。只有与特定场景关联的体验才是协调、真实和有触动感的。消费者的生活和工作都是在特定场景之中，消费者对产品的接触和认知也只有在特定的场景中才能实现，不同的场景会触发消费者不同的欲望和需求。当品牌与特定场景相连，让消费者产生"身临其境""触景生情"的感受，挑动的就是其内心深处的情感共鸣。这就完全跨越了传统的用户需求洞察和产品卖点寻找的过程，构建起全新的消费需求洞察图景，找到更有力量的品牌IP。

在这个产品高度同质、信息无限丰富的市场环境下，无法场景化的产品将失去竞争的能力，没有场景意义的产品将无法给予消费者选择的理由，这种品牌更无法与消费者形成情感对接而获取消费者的忠诚。

打造产品的专属场景

传统的品牌营销在消费者端做的是比较粗糙的，企业往往只能在消费者的基本特征方面进行细分，诸如年龄、性别、生活档次、职业等，随后逐步引入了个性、价值观念等信息，这个阶段所有的焦点都是在界定"产品卖给谁"。

当互联网实现对消费行为的全程监控和数据积累后，消费者具体的消费特征进入品牌定位范畴，这个阶段不仅关注产品卖给谁，更关注消费者"在什么时候、在什么地方、在什么环境状态下"消费产品。这是完整的消费者"画像"，将消费者具体的生活习惯和消费行为纳入消费群体分析中，实现了从产品、服务的"点"到环境场景的"面"的提升。将产品嵌入场景中，为产品消费提供了自我表达的展台，从而围绕产品和品牌本身构筑起了一个专属的"场"，并通过产品与这个场的高度关联占领消费者的心智，形成稳固的认知。

一些主要品牌的专属场景塑造

品牌	品类	场景	价值	联想
加多宝	饮料	火锅	预防上火	有上火可能的时候，就要喝加多宝
江小白	白酒	年轻人小聚	新生代情怀	不品酒的嗨喝小饮时刻，就选江小白
红牛	饮料	开长途车	补充能量	容易疲倦、困乏的时候就喝红牛
飘柔	洗发水	聚光灯下、公众场合	柔顺飘逸	出入正式场合需要用飘柔洗发
小罐茶	茶叶	个人差旅	一罐一泡	出差旅行就想到带小罐茶
耐克	运动鞋	球星的篮球比赛	挑战不可能	运动的时候、比赛的时候就想到耐克
特仑苏	牛奶	爱琴海的阳光、阿尔卑斯山的雪峰	品质、进取、享受	这是一种有品位，有追求，有享受的生活方式

构筑场景平台

挖掘一个生活场景，围绕这个场景构筑一个平台，整合相应的产品，来共同实现和满足场景下消费者的需求。

每一年的春节，春运前后都是受众注意力最为集中的时刻。一票难求的网络吐槽，千里归家的游子心声，人山人海的旅游景点，嘈杂拥挤的交通要道，每一个场景都是人们谈论的热点，也是媒体关注的焦点。在春节这个时空中充满着痛点，不仅是交通、服务、产品层面的，也有情感、精神和文化层面的，若能让品牌搭上春节的快船，将极大地增强品牌的曝光度，提升品牌的用户流量，取得可观的消费转化率。

2017 年春节，由 360 推广操刀的"爱回家，从'家营销'到'+营销'"案例以过年回家为载体，抓住春节"回家"和"爱"的消费者共鸣点，打造了从"家"到"行业 +"的创意营销玩法，围绕着抢票、旅游、投资理财三大春节消费场景，为客户量身定制了"爱回家"整合营销方案。在这个场景生态中，360 接入了大众点评、京东、携程、同程网、悟空理财、网易贵金属等数十家品牌客户，为用户提供租车、订餐、网购、订票、理财等一站式服务。

2017年10月19日，在亚洲首屈一指的创意奖项——第十届金投赏颁奖典礼上，360春节场景营销受到了各个行业品牌广告主的认可，引发了数字营销界的强烈关注。

无印良品品牌将用户体验和服务纳入到O2O中，与咖啡餐饮、文化艺术、时尚美容等跨界融合，为消费者打造一种新时代的社交化场景体验。在无印良品的终端店，为配合书店和商品陈列推出一系列与设计有关的活动，如设计师讲座、讨论会、读书会，艺术家讲座等。

场景是基础，体验是结果，品牌是目标。当场景思维和互联网思维相结合，就能够为品牌塑造出清晰的场景标签和用户标签，场景标签和用户标签的深度融合，就能够确立出品牌的精准营销行为。

随着互联网技术的发展、移动终端的应用、可穿戴设备的普及，消费者的生活轨迹能够更多地实时实地地传播和储存。生活大数据在云计算的推动下，可以完成细节化的生活轨迹分析，从而勾勒出多维、立体的用户画像，成为把握消费行为、提炼品牌价值主张的基础要素。

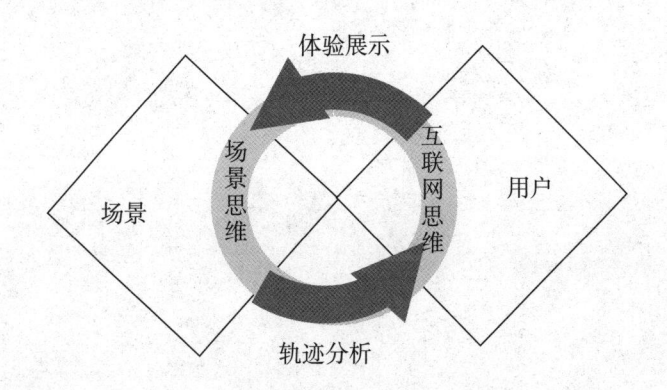

图3-8 品牌"体验场"模型

如图3-8所示，用户标签的清晰，又推动场景营销的内容不断丰富，充分实现营销内容与用户需求的高度契合，这为精准的推广策略、广告策略找到了量化的基准，品牌可以通过实施场景定向、用户定向、行为定向锁定营销内容，而场景定向是传统营销手段无法实现的行为。

　　场景打造是实现体验的必备条件，品牌可以通过三种方式来实现消费体验。一是无参与感的直接场景体验，比如生产现场、销售终端、各种会议；二是直接参与的消费与互动体验，比如休闲农场、健康养生馆；三是视听氛围营造促成消费场景联想，比如品牌广告、企业主的品牌故事等。

　　未来的品牌营销，场景的价值将具有溢价作用，一次愉悦的场景体验能够让消费者更加充分地了解品牌，并感受到品牌的价值。体验让品牌价值从单向传递升华为双向互动，更加可靠和值得信赖。

PART3
强大品牌展示之"场"

第九章　品牌升级法则六：强场——黑洞的势能

> 心理学上有一个著名的"吸引力法则"，指思想集中在某一领域的时候，跟这个领域相关的人、事、物就会被它吸引而来。这如同一个巨大的磁场，有一种我们看不见的能量。在当今市场上，又要如何让消费者青睐一个品牌，达到疯狂敢于奉献自己的地步呢？

黑洞的根本特征就是引力大，由于高质量而产生的引力，使得任何靠近它的物体都会被它吸进去。一个强大的品牌就需要具有这种力量，散发出巨大的吸引力，使任何了解、认知它的消费者都无法抗拒，而被吸引到它的身边。

心理学上有一个著名的"吸引力法则"，指思想集中在某一领域的时候，跟这个领域相关的人、事、物就会被它吸引而来。这如同一个巨大的磁场，有一种我们看不见的能量。

苹果手机的每一次新品发布，都会让无数消费者彻夜难眠。他们会心甘情愿地带上棉被，提前数十小时去专卖店门前抢一个位子。他们会翘首期盼，哪怕是获取一张图片，也兴奋不已地在网络中分享。他们得到一部手机，会有莫名的成就感和自豪感，如同一次金榜题名、一次衣锦还乡。

无数哈雷车手将哈雷"老鹰"标志纹在自己身上，将其视为自己的精神图腾；星巴克的消费者不仅愿意排队等候，甚至将光临当地的星巴克咖啡厅视作每日的必需程序；在美国，约有高达七成的青少年的梦想便是有一双耐克鞋，"耐克"成为这些消费者追求的一个"梦"。

消费者如此青睐一个品牌，以致达到疯狂敢于奉献自己的地步，这听起来就如天方夜谭一般，但是，在当今市场上，确有这么一些品牌拥有这样的"消费神话"——让消费者因拥有它们而感到无比荣耀，让消费者为失去它们而痛心疾首。

这些品牌就像消费领域的"宇宙黑洞"，将任何靠近它的消费者都会充满魔力般地吸引进去。一个普通的品牌想要拥有强大的吸引力，就要构筑起一个黑洞，让其天生具有强大的势能。

品牌是随着市场同类产品增多后，在竞争的差异化需要下诞生的，购买与消费产品所面临的各类风险（质量风险、精神风险、资金风险等）使得理性的消费者总是会选择自己更了解、更熟悉、更信赖的品牌。

因此，消费者在产品购买中普遍遵循知道→了解→关注→记忆→选择的决策流程。也就是说，品牌能否得到消费者的选择，首要的前提是品牌是否被知道，是否被了解。品牌被知道和被了解的程度就决定了消费者在纷繁复杂的品牌中选择何种品牌的可能程度。依据消费者的决策心理过程，五个层级层层递进，形成黑洞效应，如图3-9所示。

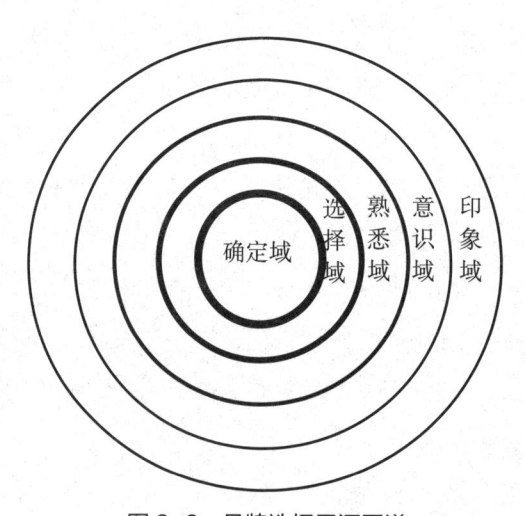

图3-9 品牌选择黑洞图谱

要想让品牌被消费者优先选择，必要前提就是品牌进入消费者的购买确定域之中，这要求品牌具有强大的吸引力和感召力，并能够在消费者头脑中占据明确的优先地位。要形成这种黑洞效应，品牌可以从五个方面入手，强大自己或借助力量强大自己，构建自己强大的场能，如图 3-10 所示。

树权威　　借强力　　逗英雄　　表亲近　　立高度
做领导　　傍大牌　　挑强者　　讲故事　　造神秘
第一就是话语权　大树底下好乘凉　英雄莫问出处　才气就是影响力　距离产生美

图 3-10　提高黑洞势能五大手段

做领导品牌，第一就是话语权

我们都知道世界第一高峰是珠穆朗玛峰，但很少有人知道世界第二高峰是什么；我们都知道美国总统是特朗普，但很少有人知道美国副总统是谁；我们都知道体操冠军有李宁、李小双，却无人知道体操亚军有谁。

这是人所具有的记忆规律，"最好的、第一的"是消费者最容易记忆的元素。因为第一意味着被更多的人认可和选择，意味着实力和市场影响力，意味着在某个领域是被公认的标杆。要增加品牌的认可度，就需要在消费者头脑中打下一个印记，而这个印记的强弱就取决于它是否在某一个方面占据了第一的位置。

做品类第一，需求激发就想到你

消费者的任何选择都是先品类后品牌，品类确定需求，品牌明确选择。如果品牌占据了某个品类的第一，在消费者某个方面的需求被激发时，消费者首先想到来满足、解决需求的就是这个品牌，这个品牌就成为这个品类的代名词。

想喝饮料——首先会想到可口可乐；

想吃汉堡——首先会想到麦当劳；

想吃方便面——首先会想到康师傅；

想吃坚果——首先会想到三只松鼠；

想买房——首先会想到万科；

想买空调——首先会想到格力；

……

从整个行业品类上占位，取决于企业的规模实力和进入行业的时间。行业的第一只有一个，对于大部分品牌来讲实现起来很难。但从行业的特性中去浓缩某个部分，从行业的发展中去分化某个市场，然后取得第一、建立联想就比较简单，即从消费者的需求出发，挖掘、塑造、放大一个需求点，并将这个点塑造为一个类别，然后进行占位。这个占位可以是某个细分品类的第一，可以是某项功能的第一，也可以是某项特定需求的第一。只要占据了第一，无论是大品类还是某个点，在这个品类或点上，消费者就会形成对品牌的对应联想。

不添加甲醛酿造的啤酒——金威啤酒；

服务最好的火锅店——海底捞；

去头屑的洗发水——海飞丝；

最安全的汽车——沃尔沃；

预防上火的凉茶——加多宝；

……

做技术第一，占据实力的制高点

某项技术的发明者、某个标准的制定和拥有者、某个核心技术资源的垄断者，毫无疑问占据着产业的最高话语权。拥有独有的技术，就意味着正宗和可靠，这在消费心智中占有天然的价值优势。

通用电气（GE）公司是自道·琼斯工业指数1896年设立以来唯一至今仍在指数榜上的公司。该公司一直在电工技术部门——无线电方面居于统治地位，目前仍是世界上最大的多元化服务性公司。通用电气的前身是爱迪生电灯公司，它的创始人就是世界电气领域最伟大的发明家爱迪生。

利乐是全球最大的提供牛奶食品加工与包装完整解决方案的公司，因为利乐是"利乐包"包装形态的发明者和"利乐包"灌装设备的发明者。

茅台酒占有赤水河独一无二的地域生态环境，酿造出享誉世界的国酒茅台，牢牢占据着白酒行业品牌价值第一的位置。

法国占有世界上最好的红酒产地资源，法国的红酒世界最好；德国拥有世界上最完善的精工制造体系和文化，德国的产品品质全球信赖。

三一重工成为重型工程机械第一品牌，因为三一重工发明了世界上最长臂架的吊车，三一的救援设备完成了智利矿难救援、福岛核泄漏等世界性高难度救援项目。

阿里巴巴因为拥有了以支付宝为核心保障的支付与信用体系，在互联网商业交易中一枝独秀，其领先优势无人能敌。

做市场第一，最多的一定是最好的

对于任何一个新产品或新品类，早期使用者永远都只是少数，消费者的主体是跟风消费群。规避消费风险、降低机会成本是消费者做出消费选择的重要考虑因素。而周边大量的人在消费，整个市场大量的人在消费，对于消费者来说无疑是最值得信赖的选择保障。毕竟，没有人愿意自己充当实验的小白鼠，使用的人越多意味着已经接受了越多消费者的检验和认可。

在实际品牌选择中，我们更趋向于相信口碑推荐，更认可那些流行与畅销的产品，行业销售第一、最多消费者的选择、行业领导品牌等，是实力的最好验证。

中国每卖10罐凉茶，7罐加多宝——加多宝凉茶；

香飘飘奶茶，连续三年卖出10亿多杯，连起来可绕地球三圈；

雅迪电动车，高端销量连续12年遥遥领先；

方太，高端厨电领导者；

……

傍大品牌，大树底下好乘凉

大树底下好乘凉。对于任何一个弱小者，如果能嫁接到一个已经具有强大影响力的品牌身上，或与之发生关联，就能借强者之威，产生辐射效应，从而极大地提升自己的地位、身份和影响力。用明星代言就是典型的"傍大牌"效应，借助明星效应及其具有的粉丝号召力，让消费者爱屋及乌，产生对品牌的好感。

俗话说，站在巨人的肩上，就能成为巨人；与强者一起，你就是强者。善用"傍大牌"的"黑洞思维"，能够让品牌快速崛起，起到借力打力的作用。

每个人的微信朋友圈，都在利用这种思维去提升自己的地位认知和影响认知。有些人会不断晒出参加的著名会议、与各种名人的合影，以展现自己的圈层；有些人会不断晒出自己出入的高端场所、消费的各种名牌，以体现自己的品位。与优秀者在一起，借助优秀者的力量，一直都是弱者发展的理想途径。

搭肩大品牌

当你不是行业的领导者时，在行业竞争中就会处于弱势，因为消费者的认知集中在行业领导品牌身上。这时候要吸引消费注意力，就需要寻找消费者普遍认知的行业强者，然后与之形成关联。在消费者心中，能与强者平起平坐、共同发声的品牌一定也是强者。无论你实力强弱，能被国家领导人接见的一定是厉害的角色；能在达沃斯论坛上发言的企业家，也一定是很牛的企业家，这都是所依托平台、所关联对象的强大而产生的辐射与联想作用。

中国酱香白酒的代表产品是国酒茅台。无论是其高达一股700元的资本价值、一瓶难求的稀缺效应,还是不断增值的产品价值,茅台都是所有饮酒者心中的追求和梦想。茅台是最好的酒,是最贵的酒,是最有品位感的酒,已经根深蒂固。

作为郎酒集团的核心品种,青花郎酱香白酒如何构筑自己的品牌"黑洞",在茅台一支独大、占有绝对领导地位的酱香白酒市场杀出一片天地?借助茅台的力量,以茅台为场,撑大自己的势能无疑是可取之道。于是乎,我们在各种媒介中看见了下面的品牌故事:

青花郎,中国两大酱香白酒之一。

云贵高原和四川盆地接壤的赤水河畔,

诞生了中国两大酱香白酒,

其中一个是青花郎。

青花郎,中国两大酱香白酒之一。

两大酱香白酒之一,一个是青花郎,一个是消费者耳熟能详的茅台。站在巨人的肩上,与巨人比高,已经是巨人的高度。对于任何一个习惯酱香白酒的消费者,在没有茅台、在无茅台消费能力的场景下,青花郎就是最佳的选择。

用好大客户

在消费者心中,不同的人具有不同的购买力、不同的消费品位、不同的信息占有度、不同的消费选择能力。消费者自发地认为,那些影响力大、地位高、实力强的人了解的信息更充分,选择的品位感更强,做出的购买决策更明智。因此,消费者在具体消费中,会参照自己所认可、所崇拜的人的选择。标杆客户应运而生。著名影视演员刘嘉玲每天不断地通过广告传播:"我一直使用燕之屋燕窝",喜爱刘嘉玲或者认知刘嘉玲的人就会相信,刘嘉玲选择的滋补产品一定是不错的产品。

标杆客户能够真实地产生消费对标效应,消费模仿的心理会促使消费者去跟随标杆客户的选择。如果我们的品牌拥有了一位非常有影响力、有代表性的客户,这个客户就具有了意见领袖的价值,能够对其他客户的消费起到示范和引领的作用。如果我们的产品拥有了一群重量级代表客户,这些客户群就构成了一个强大的气场圈,会对场外客户产生巨大的吸力。

红门是国内智能收费系统和电动伸缩门的领导品牌,专门为建筑单位提供镇守院门的大门。红门能够牢固地占据行业的领导位置,与其品牌强大的势能和借助标杆客户的"场势"密不可分。可以说,红门是通过标杆客户构筑品牌势能的完美推动者。

在品牌层面,红门实现了从"卖产品"到"卖品牌"的升级。将红门品牌定位由"门业产品制造"升级到"组织形象维护"的高度,提出"中国门业形象典范"的品牌主张。

在产品层面,根据形象新定位,实施圈层聚焦。根据不同的单位、不同的建筑对形象体现的不同要求,将客户群精准细分,提出不同细分群体的形象需求,量身定制不同风格和调性的产品,将一个大一统的普通产品提升到个性化的新高度,如图 3-11 所示。

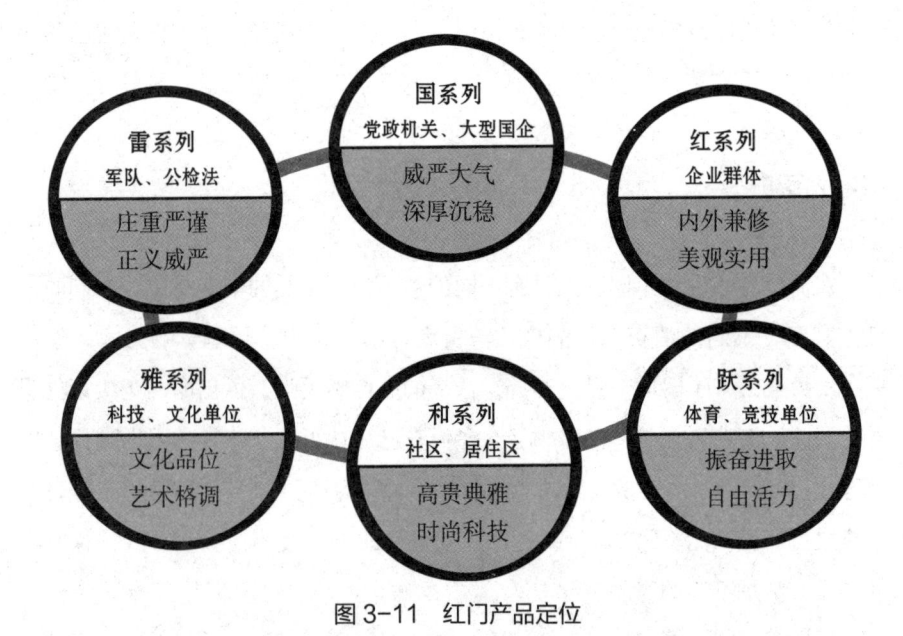

图 3-11 红门产品定位

在营销层面，抓住标杆客户，营造高"场能"。对客户群进行细分，集中资源和力量攻取每个类别的最高端、最权威、最有说服力的客户，赢得顶端市场，然后以这些标杆客户为样板，向下延伸，辐射带动其他客户。目前红门的这些客户已经成为红门开发新客户的重要榜样，红门品牌的影响力和吸引力获得大幅度的提升。

战强势品牌，英雄莫问出处

《王者荣耀》是一部自带斩杀技的英雄修炼游戏；《变形金刚》是一群捍卫宇宙的英雄集结；《功夫熊猫》本身就是一个英雄的化身。无数的游戏和影剧之所以赢得受众的喜爱和追捧，就是因为它们塑造了大量的英雄，而崇拜英雄是人类的共性。英雄通常是保家卫国、抵御强敌的中坚；反抗压迫、救民于水火的栋梁；迎战自然、困境中突围的先锋。英雄本为普通人，因其对权威的挑战，对强者的抗争，在人们的心中被仰慕为完美无瑕、高大、伟岸的形象。

品牌世界是自然世界的延伸，遵循弱肉强食、优胜劣汰的基本规律。品牌世界又是不断更迭和变化的，已有的格局不断被打破，各领风骚几十年。当一个行业被少量的强势品牌占据太久时，我们就希望有新的品牌来挑战和取代它们。当一个新的或说是弱小的品牌不断地向强势品牌发起挑战时，这个品牌就会凝聚出英雄的基因，获得尊崇和支持，从而诞生出号召力和影响力。

向强者挑战，就容易获取关注度，提升影响力；向强者挑战，就容易博取同情心，获取认同度；向强者挑战，就会带来群体的分化，从而收获自己的追随者。当弱势品牌无法与强者共舞的时候，要提升自身气场，挑战强者也是一条不错的路径。

王老吉是凉茶行业的决定领导品牌，优势地位明显。在"王老吉"品牌被广药收回后，加多宝集团将其品牌更名为加多宝，在当时的市场上，加多宝毫无知名度，属于极度弱势的品牌。要实现原品牌向加多宝品牌的过渡，除了加多宝巨大的广告投入外，起到关键作用的就是加多宝和王老吉延续一年的商标、包装的法律纠纷。借助与王老吉的法律纠纷和媒体的广泛跟踪报道，无论官司结果输赢，加多宝都让消费者充分认识并记住了，现有的加多宝凉茶就是以前占据市场领导地位的王老吉凉茶，从而实现了品牌名称的华丽转换。

360曾因与腾讯的网络之战名声大振；七喜以"非可乐"定位撬动了可乐的市场根基；在全世界的汽车厂家都在大空间、大气派、奢华、加长等方面激烈竞争时，大众汽车"想想还是小的好"，推出甲壳虫汽车，成为汽车行业的经典车型；海飞丝占据了去屑洗发水的用户心智，飘影作为后来者，要想颠覆用户心智已无可能，于是借力打力，提出"去屑不伤发"的品牌诉求，在维护与强化去屑功能的同时，增加不伤发的诉求，很快取得了市场成功。

自媒体时代，给草根逆袭创造了以往任何时代都没有的无限机会。雷军通过与董明珠和王健林的赌约，挑动了大众与媒体的眼球，使一个本就依靠自媒体发展起来的品牌，赚足了广告效应。

挑战强者，可能是传统经验的颠覆，可能是固有逻辑的反叛，也可能是新的价值理念的输出。在自媒体阅读和线上购书模式的冲击下，传统书店经营越来越困难。在日本东京，有1300多家独立书店，2015年，一个叫森冈督行的年轻人开办了一本书书店：一室一册·森冈书店，意思是"一间房，一本书"。在一个依靠品种和数量为竞争优势的书店市场，在一个消费者热衷于挑选的购书模式中，一周卖一本书要活下来无疑是天方夜谭。但森冈的读者越来越多，影响力也越来越大，仅开业半年，书店就已经开始盈利。

森冈书店所提供的价值是帮消费者选择书籍，它所有的书都是通过深度的读者数据分析而精挑细选的，它不给读者挑选的机会和余地，而是利用自己的数据分析能力和专业能力提供好书，让每一本书都实现最大的价值；森冈书店所提供的是书香生活的体验，对于每一本书，书店都会设置相关主题和展览，开展对话和活动。每一本书在这里都是一个故事，从而形成一个潮流；每一本书在这里都有一个空间体验的意境，成为一种享受。这是任何网络购书和大书店所没有的体验。

讲品牌故事，才气就是影响力

做一个有故事的人是每一个人的追求，做一个会讲故事的人是每一个人的梦想。因为每个有故事的人，构成了整个社会。讲故事，成为说服、教育与交流的能力，成为一种建立影响力的有力工具。

每一部电影就是一个故事，每一本小说也是一个故事，人的大脑天生对故事拥有偏好，喜欢用说故事的方式进行交流，也喜欢倾听别人的故事。事实的陈述因其平淡和普通，人们并不容易记住；故事跌宕起伏、倾注情感，很容易引起人们的心灵共鸣，而牢记于心。当我们以故事的形式来回忆与讲述自己的生活时，更容易获得受众的理解与信任。

正如品牌专家、品牌理论创始人杜纳·E·科耐普说：品牌故事赋予品牌以生机，增加人性化的感觉，也把品牌融入了顾客的生活。

品牌是产品的情感化和精神化，品牌是有生命的产品。一个品牌的故事越多，内涵就越丰富。品牌故事是品牌与消费者建立密切关系的基础，讲述消费者最期望听到的故事，会使听众产生一种身临其境的感觉，增加神秘的效用，并为故事中的言行而动情，为过程而感动，从而维持消费者的热情。

可口可乐在"二战"时伴随着美国年轻人，在最艰苦的战场上形影不离，使一种饮料成为提高士气、争取和平的使者，让人为之动情；耐克与因伤不得不告别体坛而失去广告价值的乔丹继续合作，故事的宣扬使消费者相信耐克不会抛弃昔日的英雄，从而博得好感与尊敬。

迪斯尼将品牌故事的塑造运用到了极致，通过《蒸汽船威利号》《爱丽丝梦游仙境》《白雪公主和七个小矮人》等风靡全球的故事塑造出了狡猾敏捷的米老鼠、喋喋不休的唐老鸭、厚道笨拙的布鲁托狗、大智若愚的三只小猪等产品。

故事使品牌贴近生活，贴近消费者，创造现实感；故事又可以使那些印象中的不可能变为可能，创造神奇感。要使品牌具有让消费者膜拜的能力，品牌背后的故事积累与传播必不可少。最具有吸引力的四种品牌故事法，如图 3-12 所示。

用故事传递价值　　用故事讲述情怀　　用故事展现历史　　用故事构筑梦想

图 3-12　最有吸引力的四种品牌故事法

1. 用故事传递价值。

僵硬的品牌价值传递和道德说教很难让人心甘情愿地接受，通过故事情节来潜移默化地传递品牌价值就能起到"润物细无声"的绝妙效果。华为的"狼性文化"、谷歌的"自由文化"都是通过一个一个品牌故事的积淀而在消费者心智中形成并得到认知，可口可乐通过广为传颂的一个"秘密配方"的故事树立起了自己"正宗"的价值。

20 世纪 80 年代的海尔是中国"质量"的代表，90 年代的海尔是中国"服务"的代表，直到今天，海尔仍然在消费者心智中牢固占据着"服务"的心智标签，而这两大价值的固化，与海尔的两大品牌故事密不可分。

1985 年，张瑞敏刚到海尔任职。一天，一位朋友要买一台冰箱，结果挑了很多台都有毛病。朋友走后，张瑞敏派人把库房里的 400 多台冰箱全部检查了一遍，发现共有 76 台存在各种各样的缺陷。张瑞敏把职工们叫到车间，问大家怎么办。多数人提出，也不影响使用，便宜点处理给职工算了。张瑞敏说："我要是允许把这 76 台冰箱卖了，就等于允许你们明天再生产 760 台这样的冰箱。"他宣布，这些冰箱要全部砸掉，并抢起大锤亲手砸下了第一锤！很多职工在砸冰箱时流下了眼泪。三年以后，海尔人捧回了中国冰箱行业的第一块国家质量金奖。这个大锤为海尔品牌享誉全国，走向世界打下了铁一样的品质基础。

1995年，海尔广州工贸公司与潮州用户陈志义约好7月8日上门送去他选购好的一款滚筒洗衣机。那时，潮州还没有海尔的专卖店。7月7日上午，驻广州服务人员毛宗良租了一辆车，拉着洗衣机上路了，到下午两点时，车出了问题，而离最近的海丰城还有两公里路。烈日下，小毛守着洗衣机拼命地拦着偶尔过往的车，但司机都不愿拉……就这样，小毛拦了十几辆车没有结果，此时已是下午三点钟了。"不能再等了……"小毛开始在路边找绳子，他决定将洗衣机背到用户家。当用户得知毛宗良为了与自己的约定背着洗衣机而来时，被小毛这种对用户负责的精神深深感动了！随着各类报纸的大篇幅报道，海尔服务从此逐渐深入人心。

2. 用故事讲述情怀。

情怀是最能激发内心认同的元素，在自媒体和圈层化为核心的互联网时代，内容是传播的决定因素，而情怀故事又是引发情感共鸣、培养忠实粉丝的绝佳手段。

一个曾经辉煌的老人，75岁二度创业，85岁钻研"电商"。过去几年，所有的成功者和走在成功道路上的人都被一个橙子深深地打动。"褚橙"一经面市，即使价格高昂，也是供不应求，抢购一空。无数人在购买"褚橙"后回复说，吃到橙子，就想到了褚老，就联想到了自己和身边一些正在奋斗着的朋友，就激发了自己奋斗的信心，就会多买几箱送给他们和自己。这个橙子是一个"励志橙"，吃这个橙子，吃的是人生味道。

王石无疑是万科品牌精神的代表，而王石的精神对于很多人来说，就是登山的精神。一个年过半百的人、成功企业家，征服了世界上的很多高山，直至世界第一高峰珠穆朗玛峰。王石登山不是在征服自然，而是在征服自我。作为一个企业的领导者和创立者，其思想、其精神、其性格会深深地内化于企业的文化价值之中。不断被广泛报道的王石登山故事，让更多人理解了王石，认识了万科，并对万科品牌形成了心理上的认同和好感，推动了万科品牌核心价值和品牌形象的树立与强化。

3. 用故事展现历史。

拥有悠久的历史永远是值得自豪的事情，5000年厚重的灿烂文化一直是中华民族受到世界尊重与仰慕的内在原因。品牌的历史能够最直观地展现品牌的专业性、品牌的精神沉淀、品牌的深厚文化。品牌历史本身就是一种强大的气场，拥有潜在的巨大影响力和征服力。扫描世界市场，几乎所有的奢侈品牌都有一个历史故事，几乎所有的酒庄品牌都有一个家族的故事。

北京同仁堂是全国中药行业著名的老字号，创建于1669年（清康熙八年），自1723年开始供奉御药，历经八代皇帝188年。从最初的同仁堂药室、同仁堂药店到现在的北京同仁堂集团，经历了清王朝由强盛到衰弱、几次外敌入侵、军阀混战到新民主主义革命的历史沧桑，其所有制形式、企业性质、管理方式也都发生了根本性的变化，但同仁堂经历数代而不衰，在海内外信誉卓著，树起了一块金字招牌。就凭它的历史，同仁堂的品牌价值展现无遗，其诚信品质、专业传承、强大的生存和发展力创造了一个又一个奇迹。

拉菲是世界顶级葡萄酒，最早可以追溯到18世纪，上流社会的著名"交际花"、法王路易十五的情妇庞巴迪首次把兴趣投向拉菲，从此，拉菲成为凡尔赛宫贵族们的杯中佳物。1855年法国名庄的评级中，拉菲在四大一级酒庄中排名第一。1868年罗斯柴尔德爵士在公开拍卖会上以天价440万法郎中标购得拉菲，这个世界顶级金融财团的家族经营拉菲酒庄至今，成就了今天的拉菲红酒。1985年伦敦佳士得拍卖会上，一瓶1787年由托马斯·杰斐逊签名的拉菲以10.5万英镑的高价由《福布斯》杂志所有人马尔科姆·福布斯投得，创下并保持着世界上最贵一瓶葡萄酒的纪录。

4. 用故事构筑梦想。

正如东京大学经济学系教授片平秀贵在其1998年出版的《品牌本质是发现梦想》中所说：品牌的本质是发现并创造梦想，只有追求梦想的经营者才能打造超级品牌。梦想是人生存与发展的指路明灯和精神力量，也是所有人追求与不懈奋斗的希望。我们面对"功德箱"会不由自主地捐赠钱物，因为我们希望并相信今天的付出能够得到回报；我们为共产主义奋斗，因为我们相信这种社会是最好的，物质极大丰富、社会按需分配、工作不再是谋生的手段。皇明太阳能说：我们卖的不是太阳能，而是蓝天和白云；福特说：我们要让人人都拥有一辆汽车。这些品牌都将自己的梦想和消费者的期望融合，让品牌成为消费者梦想实现的一个载体。

1959年,世界上第一个金发美女娃娃问市,一个青春、靓丽、曲线玲珑、光彩照人的芭比品牌从此成为女性的梦想。60年来,芭比从一名摇滚明星到战地护士,诞生了多种身份,拥有达10亿套服装和10亿双鞋。芭比的出现,将女人的"美"的理想,从3岁一直延续到80岁。60年来,有许多小女孩通过芭比了解成人世界,树立自己未来的偶像,谋划自己想象中的生活。现在,平均每秒钟,全世界就有三个芭比娃娃被买走。

依云,依靠一瓶水,造就了超过200年的品牌传奇。这个只有"巴掌大"的依云小镇,它出产的产品每年要供应全球几亿高端人群,尤其在中国市场前几年每年都保持着40%~50%的高速增长。从前,依云将它的整个发现过程编成一个"侯爵奇迹痊愈,拿破仑三世及其皇后赐名"的极具传奇色彩的故事。这故事一讲就是上百年,似乎百听不厌。随着时代的变化,依云的故事不断升级迭代,在全球移动互联网的今天,依云讲出了"活出童真"的新故事。通过品牌故事的传播,依云已不再是普通的标高价的水,而是已成为一种高端与尊贵的"独特符号",一种品质化、符号化的生活方式和梦想。对于消费者而言,这瓶水是否真正源自阿尔卑斯山已经不再重要,他们买的是依云品牌200年的传奇,喝下去的是其背后的传奇故事和尊贵梦想。

塑造神秘感,让距离产生美

越难以获取的东西,人们就越想获取。我们在前面提到"第一就是话语权",抢占市场第一,成为规模最大、销量最好的品牌就具有强大的吸引效应,但需要注意的是,如果我们得到销量第一的手段是通过低价竞争、优惠诱惑等方式,那么对品牌来说并不能持久。

一方面,消费者感觉销售最厉害的是最好的;另一方面,消费者也认为最难得到的是最牛的。因此,与塑造销售第一、规模第一相对应的另外一种品牌"黑洞势能"打造的手段，就是塑造神秘感、塑造稀缺感，让品牌以一种高姿态立于市场，构筑与大众消费者的天然屏障，成为消费者随意获取的一道门槛，从而刺激消费者的获取欲望。

越顶级的品牌越会有一种自负的态度，它们会主观地让自己和消费者保持距离。我们很少看到顶级品牌的广告宣传，即使宣传也是一些与产品没多少关系的内容。顶级品牌都需要维持神秘感，避免被太多的人认识，也避免被消费者认识得太清楚、了解得太透彻，它们不需要营造亲近感，而是高高在上，在这种不清不楚、不明不白中维持高压的态势，而消费者则陷入到欲取不能、欲罢不能的痛苦纠结中。

茅台品牌留给消费者和社会的认知就是涨价、缺货、买不到。

2017年，讨论中国品牌、中国营销，一定绕不过去茅台。不断攀升的股价，占贵州省85%GDP的市值，使其成为国内外投资者竞相抢夺的对象。12月28日，茅台发布公告，自2018年起上调茅台酒产品价格，平均上调幅度18%左右。一边是涨价带来的风声鹤唳，一边是整个市场茅台酒一瓶难求。找关系，出高价，成为获得茅台酒的唯一方式，茅台以独有的营销策略赚足了眼球，吊足了胃口。

茅台作为国酒，其资源占有、产品工艺、品牌实力，在中国甚至在全球来说都算得上是独一无二。茅台的品牌影响力不在于取悦消费者，不在于获得消费者的掌声和追捧，它的价值在于建立高门槛，摆好高姿态，如此使得所有的消费者都会以尊崇的心态、畏惧的心理、渴求的欲望去仰望、去追求，就如同远在云端的珍宝、深埋内心无法实现的美好梦想，所有人都无法摆脱这种品牌力量的控制。

PART4

共生数字时代之"态"

"数字化生存"已经成为最流行、最时髦的概念，数字化技术带来的商业底层逻辑的变革让我们所有人都感觉到跟不上时代。近几年无论是全球市场还是中国市场，都变得不可预测，战略不可确定，"黑天鹅事件"（指非常难以预测且不寻常的事件，通常会引起市场连锁负面反应甚至颠覆）频发，我们知道"唯一不变的就是改变"，但我们越来越难以知道怎么变，变向哪里。

数字化时代下，消费品的市场势能逐渐转向电子端，互联网独特的边际效益让大牌电商呈现着几何级的成长速度。阿里与腾讯、京东因掌握了庞大的消费数据体系而在中国零售市场攻城略地，几乎将整个零售体系都纳入了麾下，随着它们向上下游产业的不断延伸、参股、控股，阿里系、腾讯系已经成为无任何边界的产业生态体。

跟上新技术的步伐对于大多数人来说都需要经历艰难的过程。绝大多数企业对跟上数字化时代步伐并没有明确的方向，仅是跟上时代的潮流、搭上流行的快车而已，他们做的只是一些连接消费者的工作，在传播上应用一些移动平台。而这种战术层面的不断变化，因忽略战略层面的顶层设计，甚至背离品牌的一些基本逻辑，数字化并没有给其带来实际的意义。

数字化改变了商业生态最底层的逻辑，带来的必然是客户开发、产品创新、营销方式、传播逻辑、竞争体系、关系管理的全方位变化与重构。它让企业更关注产品的使用价值，关注交易的场景体验，关注顾客群体的价值经营，关注传播体系的双向互动。

品牌的本质没有改变，但未来品牌战略与策略的出台，必然要具有数字化时代的基因。

第十章 品牌升级法则七：动态——数字的魅力

> 在互联网包围下的生活中，我们的一举一动、我们的一言一行，都不再是隐私。当互联网平台成为沉淀用户数据的仓库，当云计算成为消费行为自动计算的工具，一切的消费行为和品牌行为都变成了可量化的计算过程。未来的消费生态就是数字的聚合，未来的品牌行为都是计算的结果。

现象一：Alphago 的自我学习与创新能力颠覆了人类对机器的认知。在新的数据与智能技术下，机器完全可以不遵从人的套路，而是依靠自己的神经网络"大脑"进行精准复杂的数据处理，并在不断的模拟对弈和实战中，充实神经网络，研究对手棋路，实现自我学习，来挑战人类思维的极限。

Alphago 不仅拥有自我学习的能力，而且具有不知疲倦、连续奋战的先天优势。这种高于人类数倍甚至数十倍强度训练带来的强大运算能力和自身的深度学习能力相结合，可以在极短的时间内处理天文数字般的信息，并迅速从中学习精髓，构成新的神经网络，这种计算和学习可能是人类数代人也无法完成的工作。只要我们给它学习算法和数据，它便能得出越来越好的结果。人工智能基于其强大的程序性及其所具有的客观、冷静、系统的特征，在海量信息搜索、存储、计算推演能力等方面，已经远胜于人。

现象二：2017 年，数字化能力和智能化应用突飞猛进。眼擎科技有限公司发布了全球首个 AI 视觉成像芯片，把人工智能的视觉系统提升到超越人类的水平；百度自动驾驶系统"Apollo"成功上路测试，无人公交车在深圳正式运行；阿里成立了"达摩院"，开发智慧城市系统，首获马来西亚的大额订单；IBM成功研制50量子位计算机，处理能力数量级提升，自动完成模拟化学催化剂、建立超级复杂系统的模型、破解加密密码等；波士顿动力开发的人形机器人Atlas实现了后空翻，"脑力""体力"和"能力"全方位与人类似的"类人"机器人初具雏形；寒武纪和地平线发布的AI芯片性耗比提升2倍，其"算法+芯片+云"模式实现云端与终端结合，提升场景应用；英国的Moley Robotics公司成功研制机器人厨房系统，这套系统被该公司称为"世界上第一款自动化厨房"，可实现完全自动化的烹饪体验，能做2000种食物，机器人的视觉系统会捕捉厨艺大师的各种动作、时间并进行记录，最后生成一套自己的做饭程序。

过去一年，停车场的智能收费系统取代了人工收费，很多医院都设立了病情检查自动打印系统，移动支付普及到所有商业交易的地方，无人便利店、无人超市、无人货架、无人驾驶汽车成为现实。当智能手机成为每天每时每刻无法舍弃的眷念时，数据化的生活已经渗入每个人的骨子里。从日新月异的家电产品创新到全程化的医疗保健管理，从各种新闻的推荐发送到各种智能设备的生活应用，从产品定制化生产的落地到消费者参与产品研发的实现，我们已经生活在数字构成的市场生态系统之中。数字犹如一张巨大的网，无形地将市场的一切要素连接起来，不断催生新的物种，消费数字化、生产数字化、产品数字化、批发数字化、物流数字化、零售数字化、管理数字化……数字生态已经成为品牌运营与创新的根基与沃土。

"裸奔"的消费信息

通过淘宝的数据库也许能够了解世界某个地方的生活习惯和消费取向，通过腾讯的数据库也许能够知道每个人的朋友圈层与价值喜好，通过摩拜单车的数据库也许能够掌握无数人的行踪，只要我们在消费，在行动，被数字化的我们就不再存在秘密，我们每个人都是数字营销的价值贡献者，如数据集大成者阿里云的广告所说：阿里云，无法计算的价值。

只要是消费过的品牌、去过的餐饮店、办过的会员卡，我们都会在恰当的时间收到他们的问候、祝福、促销和新品信息；只要是搜索过的产品、关注过的行业、了解过的服务，当我们打开网页，这些产品、行业和服务的广告就会扑面而来；如果是一个住房需求者，就会不间断地接到房产中介的电话和广告；如果是一个登山爱好者，就会收到无数登山装备、服饰、俱乐部活动的最新信息。

我们都在迷茫，我们并没有提供给别人任何个人信息，我们在不断防备自己的信息被别人获取，但我们的需求特征、我们的家庭状态、我们的购买能力、我们的消费偏好却越来越多地出现在商家和厂家的数据库中，他们对我们的了解甚至可能超过了我们自身。

这是一个没有消费隐私的时代。办一张会员卡，填一个用户登记表，签一份网络许可协议，购买一次蔬菜，享受一次促销，参加一次活动，产生一次网购，实施一次投诉，浏览一次新闻，收看一个视频，所有的零散信息通过后台的数据整理和模型分析，都会形成一个一个的消费图谱，而每个人也在这个图谱中有了自己固有的消费画像。

随着智能手机的普及、定位系统的广泛采用，我们每天的行踪便被全天候地记录在手机厂家的后台系统中。根据不断累积的出行时间、经常出没的区域、出行频次等信息，在后台复杂的计算与模型推理中，一个人的职业、社会地位、日常生活特征就被清晰地记录了下来。

越来越多的专卖店、超市、购物中心、生活服务点采用会员管理制度，登记基础信息，就能获得会员卡，每一次消费，只要出示会员卡，就能享受优惠。优惠的措施让会员卡全面地普及，每刷一次会员卡，给了我们积分，享受到了价格折扣，而同时我们买了什么、什么价格、购买的组合、购买的时间、支付的方式也被完整地记录到了个人数据体系。后台的分析系统通过日、周、月、季、年的跟踪分析，一个人的完整消费需求、消费偏好和消费行为就呈现出来。

如果一个人长期购买即食食品，那么这个人肯定是一个工作繁忙者；如果长期买维生素、补钙片，可能就会成为附近健身馆的会员邀请对象。于是乎，在商家的数据库中，顾客被不断地分群、分类，一个购物店的核心消费群特征逐渐明晰。有些人是"赶时间的繁忙者"，有些人是"追求自然的购买者"，有些人是"时尚前卫的消费族"，有些人是"实用产品的消费群"，有些人是"一站式采购者"，有些人是"随机性购物者"，等等。每一个人的购物组合、受活动的影响状态、购物的时间和频次、消费的金额全部成为指导营销行为的活案例。

每发一次微信朋友圈，每晒一张照片，每一次点赞和喝彩，个人的追求、喜好、价值观也就同步暴露在微信平台中，就成为微信朋友圈广告的精准接受者。只要在百度咨询车的信息，或连续几天搜索车的知识，车的广告就会在你上网的任何一个时间出现在你面前；在网上了解一下减肥的知识，减肥药品、保健品、美容院的广告便接踵而至。这一切都是系统在自我抓取、自我分析、自我对应，都是在瞬间完成。

摩拜单车上市时，只需要下载一个摩拜APP，交了押金，进行二维码扫码，就能骑行。但现在，你要扫码的前提是需要打开手机的定位功能。摩拜告诉你，是为了更好地帮助你寻找附近的单车，其实只要打开定位功能，骑行者的一切信息就被轻易地获取了。摩拜根据骑行者的起始位置、使用软件的手机、骑行频率或规律，就能够描绘出骑行者的画像。这个画像就是：城市白领，关注品牌、品质和安全，用户黏性高，使用高端手机，偏爱金融、旅游、出行、房产等应用。这个画像与摩拜单车定位高端的初衷不谋而合，这个群体聚合的数量和隐含的消费能力，就是摩拜最大的品牌价值。

在互联网包围下的生活中，我们的一举一动，我们的一言一行，都不再是隐私。

网络一切的数字大网

管理大师彼得·德鲁克在《21世纪的管理挑战》中预言：信息技术将从"技术"向"信息"转变，21世纪的知识工人和管理人员，必须是信息的驾驭者。

信息的驾驭者，对于任何企业、品牌运营者和普通消费者都是一样的。这是一个大数据的时代，媒体已经不再是简单的信息传递平台，而更多地成为能够沉淀大量用户访问行为的数据仓库。随着移动智能设备和移动应用的普及，所有的物质和行为都将数据化，数据将成为品牌价值的创造者。

在腾讯OMG（腾讯网络媒体事业群）的品牌网络广告构建计划中，DMP（Data Management Platform，数据管理平台）的建设成为广告生态布局的重大举措之一，以通过对接内外部数据，实现数据价值的高效变现效果。

腾讯DMP平台打开供需的入口，连接多方，共享数据红利。对于广告主，DMP平台可以帮助其更有效地管理用户数据和营销活动数据，细化人群分类，提升广告投放精准度和灵活度，实现更高的营销回报；对于媒体及供应方，通过DMP平台，腾讯OMG可以帮助其更好地了解媒体自身受众，通过分析优化，提升用户黏性，满足广告主需求好感，实现流量价值的提升。

正是因为数据的重要性，对数据的抢夺、争议和保护也成为热门话题。华为荣耀Magic手机的智慧助手功能引发了与腾讯微信数据的争论；12306用户数据被泄密，导致大量用户的账号、密码、身份证、邮箱等数据在互联网上被疯传；瑞典史上最大规模数据泄露事件，直接导致瑞典内政大臣和基础设施大臣被解职；印度电信运营商Jio超过1亿用户的信息遭到泄露，众多个人隐私数据被发布到网站上；美国著名酒店服务提供商——Sabre的中央预订处理系统遭黑客攻击，造成客户预订信息泄露；英国国民保健制度服务系统2017年5月遭勒索软件病毒入侵后，多家医院电脑瘫痪。在世界各地，关于数据的纷争越来越多，虽然各国为保护数据不断出台相关法律法规，但在巨大的商业利益驱使下，不惜涉险获取数据的仍然大有人在。

没有数据，未来的企业营销将寸步难行。要么构建自己的用户数据库，要么去购买数据公司的数据，数据资源将成为未来企业营销的最大资产。手中有粮，心中不慌。对于拥有数亿活跃用户的腾讯、阿里来说，就相当于掌控了商业运营的核心和资源，任何一项服务的引入都能够为其带来增值。

数据的时代已经来临

数据历来都是商业活动的核心元素，它之所以在今天成为主导一切的企业资产，并被冠以一个流行的名字——大数据，得益于数据形态的演变、数据容量的扩大、数据技术的发展以及数据能力的强化，如图4-1所示。

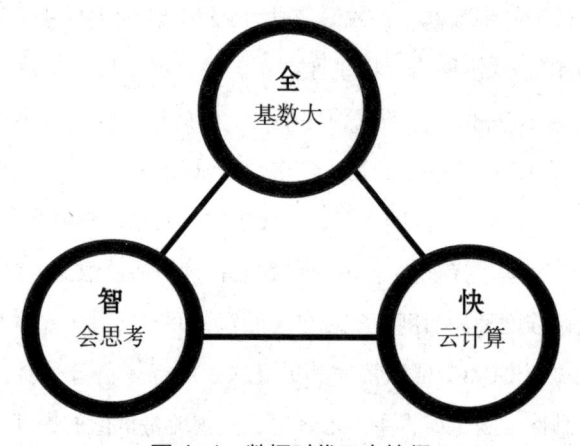

图4-1 数据时代三大特征

数据全。互联网技术的加速发展，使数据的收集与采集达到历史新高度。由基础的显性数据扩展到人的轨迹、行为追踪、情绪洞察等隐性数据；由分散在各主体记事本、单一电脑中的数据扩展到整合、共享的全面数据；由粗糙、简单的数据扩展到多维度、细颗粒的海量数据。

智能化。随着消费者海量的数据在企业组织中沉淀、整合、共享，并通过数据分析模型、消费心理分析、科学计算归纳，数据本身能够做出思考、推论和预测。一个大数据的零售店根据消费记录可能比新婚丈夫更先知道其妻子是否怀孕；娱乐网站可能比我们自己更了解我们喜欢什么音乐和电影；酒店预订系统可能比我们更准确地把握订房的最佳时机从而推荐给我们。

计算快。云计算的出现，极大地满足了海量数据的处理需求。单台电脑无法完成的计算，在云端能够轻松解决，无数台计算机链接在一起，共同处理一个任务，能以最短的时间完成数据的处理。

海量的数据是基础，智能化与云计算是保障，共同推动了大数据的商业应用，并创造出商业价值。2017年，人工智能、大数据、场景营销成为营销界的热词，也成为证券市场火红的一道风景，在技术的发展与应用方面取得了历史性的进步。人工智能、大数据与场景营销的有效结合，推动了真正的"数据驱动型企业"和"数据驱动型品牌"的诞生。从政府管理到公共服务，从零售业变革到定制化生产，各行各业的数据化正在呈指数级增长。计算能力、人工智能、传感器、机器人、交互模式、语音识别、智能互联、大众化应用的聚合技术，推动着数字技术的发展，改变着社会生态、行业生态和市场生态。

对于大多数初步信息化的企业而言，CRM系统及其关联的呼叫中心、QQ、微信、电话等构成了消费信息管理的全部，在信息的丰富性、完整性、整合性、共享性方面远没有达到要求。通过传统的信息系统和手段只能粗略地了解用户的基本特征、供应商的基本概况，无法追踪用户的行踪，清晰地界定用户的画像。而新的数据技术聚合了传感、分析和数据识别与处理功能，除了网站、电商、微博、微信、微商之外，DSP（Demand-Side Platform，需求方平台）、DMP、移动社交、传统线下渠道的数字化、全渠道、线上线下的结合、AR（Augmented Reality，增强现实）/MR（Mediated Reality，数字化现实+虚拟数字画面）、网红、直播等各种崭新的模式正在如雨后春笋般出现，传统数据体系不能度量、不能运营的事情，都有了相应的运营手段，并且可以做相应的度量。

根据Analysys易观数据显示，中国第三方支付移动支付市场交易规模已经达到294959.2亿元人民币，正呈现高速增长态势。这意味着从消费到供应、从经营到管理、从信用到合作，数据正以高效的运转连接起产业链，成为整个产业链运行的核心驱动力。

数字的价值无处不在

让数据说话成为公平管理的追求。在英国政府公布的政府网站十大设计原则中，"用数据设计"被放在了非常显眼的位置上。美国芝加哥伊利诺斯大学在实施的美国地方政府电子政务调查中发现，12个受调查的美国大城市都拥有开放数据门户，政府趋向于在网上公开政府部门掌握的一些数据，如消防、犯罪率、税收、能源消耗等，通过Web2.0的众包模式向公众开放，借助"公众智慧"来进一步分析这些数据，获得有价值的分析结果。

掌握数据利于精明的消费决策。如何将海量的数据信息为我所用，成为未来消费者个人生存发展和生活质量提升所面临的重要课题。面对复杂且变化无穷的信息，我们应该读什么、说什么、想什么、吃什么，我们应该如何健身、如何运动、如何工作，我们应该如何与人打交道、构建自己的生活圈，我们应该如何更好地活下去，这都能通过数据分析来帮助我们决策。掌握了数据，我们就可以了解如何去发文章能有更大点击率、如何删帖能获取最大效果、如何从网民的情绪去判断股市的走向、如何去辨别网络商城各种用户评价的真伪，我们就能够知晓什么牌子的汽车安全系数最低、什么样的工作未来薪酬看涨。

个人健康数据正成为巨大的需求。随着可穿戴设备的普及、各种运动软件的应用、智能化体检和健康管理的推行，我们日常饮食的热量和成分、睡眠和运动记录、心情与血压的关系、睡眠与健康的变化规律，都将能够自我把握、自我控制、自我调节。未来的个人，可以根据健康数据实时把握健康状况、可以通过智能化医疗设备完成自我监测、可以通过数字化的打印设备输出各种检测结果和影像，而未来的医生只需要根据每个人的资料、检查结果进行健康的诊断和判定即可。

数据抓取技术正在改变零售。通过对顾客行为的全过程数据采集，能够清楚地识别顾客，并从顾客行为轨迹当中清楚地看到顾客在哪里生活、哪里居住、门店的辐射顾客半径等。线上线下的打通将社群经营与会员管理有机整合，提高了客户黏度和消费频次。整个的管理体系成为一个智慧的运营系统，从一个POS点的记录，到客流统计、Wi-Fi跟踪、支付系统的反馈，数据已经渗入经营的每一个环节。

这就是数字时代，一切都已数字化。数字技术推动品牌营销的边界不断拓宽，内容、技术、数据、平台之间的界限被打破，各自为战的数字营销，经由平台间的联合协作正走向全生态的共享互通。

一切品牌行为都由算法驱动

在一个数字化的世界中，数据成为市场生态的基础工程和驱动力量。在云计算与人工智能双翼推动下，一切品牌行为都成为可量化的标的，一切品牌决策都成为可计算的结果，这将在决策精准、战术科学、效率提升、成本优化、资源整合、跨界共享方面为企业的品牌运营带来实质的改变和实在的利益。能否比对手更好地利用数据，能否让数据成为品牌故事的内容，能否以数据为纽带实现与消费者的无缝连接，将决定品牌在产业生态、市场生态中的地位和价值。

数据挖掘与分析技术将隐藏于数据汪洋中的关键数据充分提取；多方面、多维度的数据融合提高了品牌与营销行为的准确度；可视化技术把复杂的数据打磨为直观易懂的图形，成为简单明了、人皆可用的工具和手段；完备的数据服务器集群提供了强大稳定的数据计算能力，实时洞察消费者行为，及时响应市场变化；移动终端的普及，让数据分析随时随地、全天候运行……

2016年，杭州市政府发布中国首个"城市数据大脑"计划。通过采用阿里云ET人工智能技术，对整个城市进行全局实时分析，自动调配公共资源，修正城市运行中的Bug（缺陷），最终进化成为能够治理城市的超级人工智能。

2016年9月，城市大脑交通模块在萧山区市心路投入使用，通过智能调节红绿灯，道路车辆通行速度平均提升了3%~5%，在部分路段有11%的提升。

2016年，微软利用城市计算预测空气质量，推出Urban Air系统，通过大数据来监测和预报细粒度空气质量。与传统模拟空气质量不同，大数据预测空气质量依靠的是基于多源数据融合的机器学习方法，也就是说，空气质量的预测不仅仅看空气质量数据，还要看与之相关的气象数据、交通流量数据、厂矿数据、城市路网结构等不同领域的数据，通过不同领域的数据互相叠加、相互补强，从而预测空气质量状况，其对未来6小时内的预测准确率达到75%以上。

高效率的零售管理服务

通过数据与商业逻辑的深度结合，让线上电子商务与线下实体店体验有机融合，实现对生产的牵引、资源配置的优化、价值链的重塑，以引领消费升级，这就是新零售的特征。新零售管理的中心是以用户为中心推进数据化决策，其要求的核心能力是用户洞察与数据分析。数据已经成为零售业的核心资产，未来的零售业，要么拥有自己的大数据体系，要么被大数据公司整合。

案例：盒马鲜生的新零售理念

盒马鲜生是阿里系电商平台与实体店相结合的新零售代表，创造了会员平均月购买次数达4.5次、坪效是传统店面的3~5倍、线上订单占比达到70%、APP线上转化率达到35%的诱人业绩。盒马鲜生通过整合传统便利店、餐饮、生鲜市场、超市的各自优势，充分利用阿里庞大的客户资源，成功打造了以餐饮体验为核心、以生鲜品类为产品、以门店配送为主业的场景化零售新业态。

在盒马鲜生的零售模式中，以数据和算法驱动的29分钟物流配送承诺是其最大的价值诉求（见图4-2）。最科学的订单分配、最高效的路径安排、最合理的批量组合，使盒马鲜生解决了传统生鲜配送企业的低频次、不集中带来的时间浪费和过高的人员成本问题。

用户下单	订单执行	任务分配	货物包装	精准送达
详细的用户画像	最大化集单 拆解执行流程 推算执行计划	精细路径分配 批次任务输出	APP查询 打包 导航投送	机器学习算法 优化流程路线

图 4-2　算法驱动的盒马鲜生配送流程

精准的品牌营销策略

品牌营销者通过客户数据分析所形成的消费者画像，实施精细的客户分类，从而提供个性化的服务。一是能够根据周围人群的喜好、消费时段的差异开展促销活动、调整货架产品陈列，从而提高货品的流通；二是能够根据消费偏好和阅读习惯，实施精准的广告投放；三是优化网络信息入口，根据语义数据进行文本分析、机器学习和同义词挖掘等，提升内容搜索频率。

案例：今日头条的信息推荐

对于传统门户网站来说，今日头条的闪电崛起又是一个外来势力搅局的经典商业案例。截止到 2017 年，今日头条日活跃用户超过 1 亿，单用户日均使用时长超过 76 分钟。一个毫无媒体从业背景的创业者，只用了一年时间就成为传媒新贵。今日头条既不是新闻客户端，也不是信息搜索引擎，却成为使用频率最高的移动端新闻媒体。今日头条之所以能够颠覆原来很多提供新闻的门户，最重要的就是针对每个顾客提供了合适的内容，让顾客看完一条发现下面还有一条自己感兴趣的，从而欲罢不能。

今日头条成功的秘密就在于开创了资讯算法驱动与用户数据分析的新模式（见图 4-3），根据用户的阅读点击、评论、查找、分享习惯及所用的社交媒体账号等做综合测试与分析，从而获取详细的用户特征、类别与个人喜好，然后采用个性化推荐、协同过滤、正负反馈等多种量化模型，实现内容与兴趣的高度匹配。

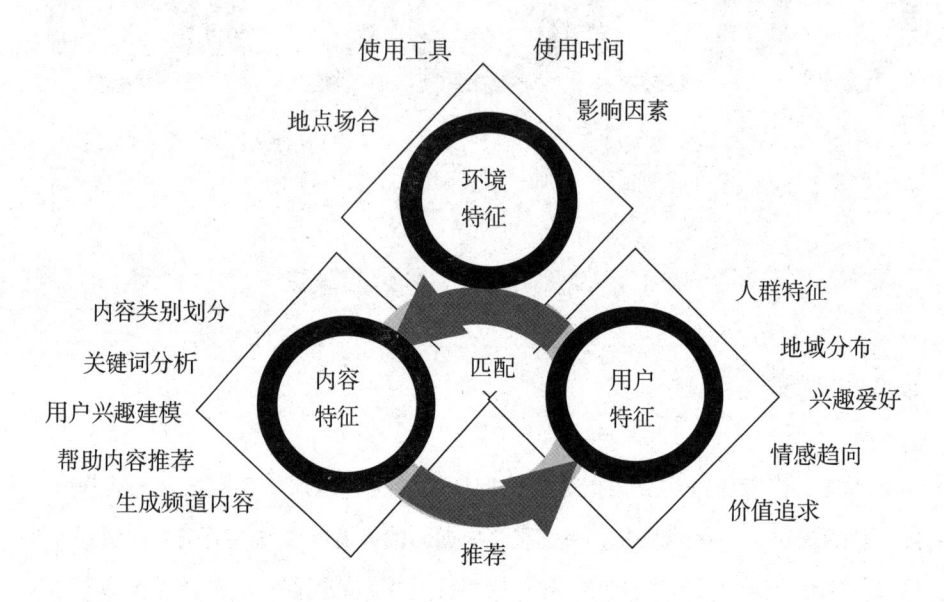

图 4-3　算法驱动的今日头条推荐模型

领先的个性化定制模式

个性化定制模式要解决的问题是，通过极致精细化的客户分类，提供不同的产品、服务和定价组合。

我们可以根据用户的驾驶习惯（驾驶时间、单次驾驶时长）、驾驶环境（常用路线的交通状况、总体事故率、季节天气）、身体状况（生病频率等）的个性化评估，实施针对每个人的完全不同的车险投保解决方案；我们可以根据智能穿戴设备的精确测量和持续数据反馈（监测运动的手环、监测血压的智能血压仪、监测环境变化的空气净化器、监测上网习惯与作息时间的网络检测器），准确地预测每个人的发病概率，来提供个性化疾病预防和治疗方案。培训领域、生活家居领域，都将是个性化定制模式的应用区。

案例：红领西服的定制模式

山东红领集团用 10 多年时间，投入数亿资金，探索出以"酷特智能"为代表的"互联网＋工业"的新模式，实现了数字时代的服装定制化生产。红领通过积累的海量客户数据、款式数据和工艺数据，能满足超过万万亿种设计组合，99.9% 覆盖服装个性化设计需求。红领成为互联网技术、数字技术与传统制造业结合的标杆企业，成功实现了从消费者、生产厂商、物流到整个供应链的"生态圈"的信息打通，如图 4-4 所示。

消费者在 APP 上对自己的西装进行自主设计，选择自己喜欢的版型、款式、风格，并确定各种细节。

消费者通过终端或流动巴士的 3D 量体仪，两秒钟自动完成量体。消费者还可在终端体验屏上观摩选择款式的模特试样。未来将可直接通过网上量体，实时互动下单。

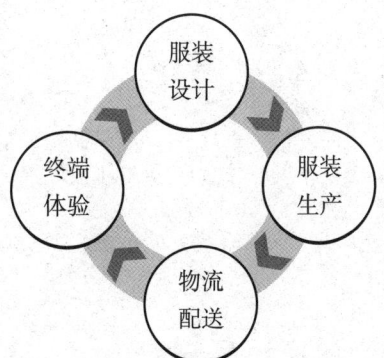

智能系统会根据客户提交的数据，自动化输出生产工艺指导书以及订单 BOM 等标准化信息，并将每一个制作点拆分出来，分配到最适合的工种和岗位上。

零库存，生产前 7 天卖出，通过与国内外物流快递企业的高效协同，将产品送到客户手中。

图 4-4　算法驱动的红领西服定制模式

人类社会经历了机械化时代、电气化时代，正以前所未有的速度进入数字化时代。数字技术不断迭代，形成全新的生态系统，催化技术的新一轮变革。数字化已经渗透到了万事万物当中，正在深刻地影响和改变着社会生活和品牌营销行为。

在《2017 预测：消费者为王时代，重塑未来的变革》报告中，Forrester 指出三种革命性的技术将改变商业世界游戏玩法和消费者体验：以虚拟和现实、数字以及语音交互推动的互动技术（Engagement Technology）、以个性化和预测性分析推动的消费者"微洞察"技术（Insights Technology）和以大数据、云计算、机器学习、神经网络等推动的支持技术（Supporting Technology），这将推动数字经济进入全面应用阶段。

　　我们每一个人、每一个企业或组织已经与数字技术紧密地联系在一起，我们的生活、生产以及各种生命活动都已经与数字交织在一起。我们必须去适应和拥抱这个"数字生态共同体"，并通过我们的品牌营销行为，让整个生态更有活力，更有可持续性。

第十一章 品牌升级法则八：创态——重构的逻辑

> 整个商业生态的变化超乎想象。新的技术改变着商业运行的模式，大数据和云计算动摇了商业的根基，万物互联让所有的资源能够重新组合，人工智能让沟通、连接、体验不断被颠覆。在这些新物种、新技术的冲击下，原有的市场经验和商业逻辑创新不穷，传统的思维方式和认知模式不断迭代。一切都在重组，这将是一次持久而剧烈的商业环境蝶变。

互联网+就是利用互联网平台和信息通信技术，能够把互联网和包括传统行业在内的各行各业结合起来，能够在新的领域创造一种新的生态。这是腾讯董事局主席马化腾对互联网+的定义。

互联网技术的确正在改变一切，推动着消费欲望、消费需求和消费行为的升级。随着各种智能产品的出现、可穿戴设备的普及，万物互联正在构筑新的消费生态。共享单车正在改变着人的出行方式；滴滴专车对传统出租车行业构成巨大冲击；支付宝与微信支付让传统银行业倍感压力；消费定制让规模化的生产优势荡然无存。

一切都在重组，我们不能以旧有的认知来参与新的竞争生态，这将是一次持久而剧烈的商业环境蝶变。

重构产品价值

消费需求随着经济收入的增长、社会文化的发展、信息化技术的演进发生了深刻的变化，产品的利益与价值诉求更加多元化。最初，我们买衣服，是为了要保暖或者遮蔽身体；随后，我们买衣服会关注健康与审美；今天，衣服已经独立成为一种物种，成为消费者在不同季节捕捉不同的潮流脉搏、彰显自己品位和格调的载体。今天的酒店，如果仅仅提供客房，就如同如家和7天，将不再具有吸引力。今天的酒店产品是一个全方位的场景体验，客房只是一个基础载体，而可供消费的可能是咖啡休闲文化、艺术展示欣赏、聚会空间，甚至是SPA馆的健康体验。

新的产品概念，不再仅仅是洞察人的特征，而是深入了解人的生活过程、活动区域，从人、时间与空间的三维角度，形成一个立体化的消费场景（见图4-5），产品便成为这种场景下的一个连接，品牌则是这种场景下的一个表达。

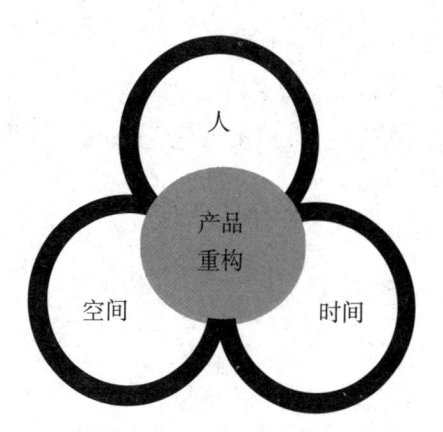

图4-5 产品重构逻辑

用新技术重构产品价值

科技永远是产品的第一内在推动力。蒸汽机的发明解放了人类体力，带动了工业革命；以电力为代表的能源出现，解放了人类的空间，带来了通信、交通产业的革命。今天，我们正在经历人类发展史上的第三次革命，以互联网为代表的新发明引发的信息技术革命，将解放人的大脑，彻底颠覆和迭代现有的众多产业，并诞生许多新的产业机会。

从烽火台、飞鸽传书到电话机和传呼机，从"大哥大"、移动电话到智能手机、语音识别和人相识别，每一次技术的进步和应用，都更好地满足了消费者的通信需求，也重塑了产品形态和价值。人工智能、虚拟现实、大数据、云计算、云支付等，都将成为未来重构产品的巨大推动力。

用场景思维重构产品价值

没有喝过江小白的酒，却喜欢上了江小白；没有吃过三只松鼠，却喜欢上了三只松鼠；没有见过褚橙，却产生了消费的欲望。这种消费情怀与情绪的产生，需要在特点时期，用特定的场景对人的心理进行触发，必须是人、时间与空间的完美结合。

高收入的单身人群在经济发达的一线城市越来越多，他们24小时内不同时间的生活状态和出行规律、他们对待生活的态度和实施的生活行为构成了一幅完美的生活画卷，每一个节点又呈现出鲜明的情绪特征。就是基于这种特征，针对"一个人消费"的系列产品开创了一个个新的市场，每一个产品都不再是传统意义上的物质形体，而是一个调动情绪的多元组合。

原宿漂浮的失重体验。一个定位于白领、单身人群、商务人士的"失重体验中心"，没有产品，没有服务，只有睡眠体验，它为单身人士提供了一个独自的放松和减压的空间，吸引了大量铁杆粉丝。

觅跑自助主题健身仓。上市估值达到1个亿，主要围绕小区和购物中心覆盖，提供以跑步机为主的动感单车、椭圆机等主题仓，1~2个人的空间，自助门禁付费，极大地契合了单身人群的生活习惯。

树德生活馆。建立在购物中心，24小时运营，为单身消费者提供原创设计产品、小型沙龙电影院、设计展、书店、DIY手工木艺、插画、胶囊宾馆等。

迷你KTV。短短一年时间占据了购物中心、电影院、餐馆等各种高人流地方，这种可以在里面唱歌、听歌、录歌并上传的微型玻璃小房成了年轻人的新宠。它拯救了年轻人的尴尬碎片时间，获得消费者的青睐。

当产品重构时空，将服务与情绪纳入其中，产品就有了温度。一个有温度的产品本身就可以传播、可以沟通、可以交流。未来的产品，都将是有生命的产品，消费者也不仅仅关注物质产品本身，而是更多地关注物质产品通过时空关系与人的连接。

用数据链接重构产品

产品+数据彻底地改变了产品的基本价值，未来的产品，产品即数据。由于消费者在互联网环境下购买、消费和使用产品能够留下数据信息和使用行为轨迹，新的产品开发能够充分、完整地吸收消费者的意见，让消费者融入产品开发中，比如小米产品的开发就会在社群中进行充分讨论。这些大数据的分析和信息整合能够让产品价值更极致地满足消费需求，三只松鼠根据消费的数据反馈，增加客户体验的道具，如废物袋、封口夹、坚果开口器等，提升了消费者的体验感和对产品的认可。数据化应用是互联网环境下产品开发必然要考虑的因素，只有在产品开发中植入数据化应用模块和软件，才能在后期使用中不断收集到消费信息，实时做出产品的优化、升级和更新。智能家居、智能家电、智能汽车、智能穿戴已经成为风口产业，随着更多行业的产品与数据设备、APP应用结合，我们将很难再见到纯物质化的产品，所有的产品都将数据化，产品自身就能够完成与消费者的交互、交易和分享交流，并根据数据实现自我更新和迭代。

用互联网跨界重构产品

互联网、物联网、人工智能作为新的技术，它们能够连接人与人、人与信息、人与物、物与物，达到万物互联。这些技术除了本身能够诞生出新的体验性产品外，更多的是对现有资源进行整合和利用，从而产生出新的产品和服务，滋生新的价值体验。传统产品嫁接互联网推动产品升级，是产品重构最简单、最直接的模式。

传统的坚果嫁接互联网，成就了三只松鼠，短短的几年成为消费者认知中最专业的坚果品牌；当广大的私家车和出租车嫁接到互联网，诞生了滴滴、优步等新的产品形态，满足了消费者实惠、方便的需求，也为广大的私家车主带来了新的价值；盒马鲜生，一个拥有超市、便利店、餐饮店、菜市场多种特质的新业态，很快突显出经营价值。用互联网连接与整合原有的产品与服务，就能够诞生新的产品，重构新的产品价值，这为传统产品的升级提供了无穷的机会和动力。

重构营销逻辑

从直击痛点的概念营销到大众识别的视觉营销，从"80后"后的情怀营销到极富移动互联网元素的社交营销，虽然营销的4P逻辑没有根本改变，但4P体系的内在关系、营销因素和决策程序发生了重大变化，因为人群的思维观念变化了，移动互联网时代带来的购物流程变化了。

互联网影响了消费决策行为

品牌的营销逻辑是根据消费决策程序而设计的，传统的消费决策程序是单向和被动的。品牌通过信息传递让消费者知晓，通过终端、物料、导购等让消费者认知，通过推荐、陈列、品质、服务等要素比较形成消费者的偏好，并最终确定品牌产生购买行为。整个过程中，企业占据主导地位，企业的信息传输和引导至关重要。

互联网和自媒体的产生改变了决策模式，诞生了现代决策流程。虽然品牌的信息仍然在很大程度上左右着消费者的认知，但现代决策的典型特征是消费者成为主导，消费者参与到信息的整体传输过程中，变成主动。消费者对品牌的了解不再单一来源于企业的传输，而是大量来源于消费者自主的搜寻，并会在广大的消费群体范围内去获取第三方的公正论证，也就是说企业营销链条中的所有环节不再能决定消费的购买，而是转变为第三方消费者的口碑所决定。消费者相互间的信息传输成为主导，成为决定消费者决策的核心。更为重要的是，购买不是消费的结束。现代决策中，消费购买后会有大量的分享行为，这些行为在很大程度上影响着企业后续的营销行为，这些分享信息将成为其他消费者购买决策的论证参考，如图4-6所示。

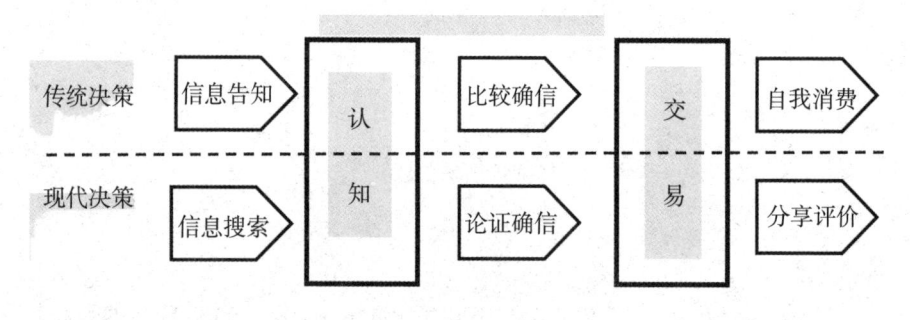

图4-6 消费决策逻辑

在现代决策中，消费群体构成了一个"自我及互我"影响的信息圈，独立于企业之外推动着消费决策的形成和消费行为的产生。企业对消费过程的影响行为将转变为对消费圈的构建和关系维系。企业的营销需要根据消费决策过程的变化重构营销模式，主要体现在信息交互，产品交易，消费交流三个层面（见图4-7）。信息交互系统是一个传统信息传播、互联网信息搜索、大数据信息推荐同时并存的多元体系；产品交易系统成为一个消费体验的场景体系；消费交流成为产品消费的全周期管理体系。

图 4-7 营销重构逻辑

用精准计算和双向互动重构传播

信息交互和消费交流是互联网生态对消费模式的基础改变。单向的企业信息传播与消费者的信息搜索在互联网平台上对接，产生了实时交流与互动；而人工智能和大数据的出现进一步使精准化的信息推荐成为可能（见图4-8）。当信息推荐在数字化浪潮中被精确计算，品牌的传播体系将发生质的改变。

图 4-8 信息传递演进图

1. 精准传播成为可能。

消费者频繁地在网络间穿梭和滞留，会不经意地将自己的喜好、价值观、消费行为沉淀在网络数据中，并自动地进行分类分群分圈，从而在互联网服务器中形成一个庞大的数据仓库，使信息传播实现高效变现，精准推送。比如某人经常在网络中搜索某个类别的产品，那么无论这人进入什么网站，他都能自动地看到他所搜索类别的各种品牌广告。

2. 软性传播更有效果。

自媒体是一个信息平台，全天候开放式的，没有流量成本和时段的价值，而且是一个集文字、视频、讲解等视听一体化的平台。企业可以将信息置于视频中，置于文章中，可以去讲一个很诱人的故事，或者去设计一段剧本，互联网与自媒体中的信息可以脱离广告的特征，在与人的互动与交流中传递到消费者的记忆中，也可以嫁接到消费者特别喜欢的场景和高度关联的物种中，形成潜移默化的影响。

3. 互动带来高度参与。

微信运动软件，不仅起到了记录运动量的作用，而且让大量不运动的人开始参与运动，因为可以在自己的朋友圈中炫耀和比较运动的成果。微信运动拥有很强的黏性、很高的参与度和高频的点击观赏率，这个平台未来会成为运动品牌的绝佳传播渠道。

将品牌信息融入到游戏中，融入到知识体系中，融入到学习中，融入到聊天分享信息中，就能够充分激活消费者的参与热情。一个"摇红包"就能带动全民狂欢，一个微信运动就能带动全民运动。

为了适应新的消费趋势，万科在地产营销中引入新的信息交互模式。

一是设立体验式购房中心。在成都落地的购房中心中，万科引入整套3D全息投影设备、触屏系统等尖端设备，配备了区域30多个在售住宅项目的沙盘讲解和户型展示。通过集中性体验，万科可以将全部项目纳入体验之中，用一处信息囊括全球。

二是启动信息互动平台——万享会。在这一平台上，不但能为所有参与者实现其购房需求，同时还兼具社交功能，用户可以在平台上实现C2B的信息沟通，将身边存在的购房需求共享给万享会，并因此收获佣金报酬。

通过购房中心和万享会的有效整合，万科集成了客户社交营销、客户销售激励营销、客户精准数据化营销、产品体验营销等多重功能，满足消费者购房的新需求。在营销逻辑重构基础上，万科整合推广活动，打造出围绕客户居住感受开展的"幸福社区计划"；与韵达快递合作推出了"万科—韵达全国邮包合作计划"；与国内最大的 B2B 购物平台天猫合作推出了"万科—天猫自提服务合作计划"等多项活动。

用自助与共享模式重构产品交易

产品交易系统在信息互动模式、消费体验模式与购买支付模式变化的综合作用下，新的交易物种层出不穷，无人便利店、无人超市、无人货架为代表的新零售业态掀起风口。

传统营销体系，是一条基于价格体系的产业链条。由于所有的营销行为、物体与信息的流动都需要人的参与，产品的成本在厂家到消费者的漫长路途中不断增加。新的交易系统让产品自我销售成为可能，产品完全可以跨越渠道和专业的推广人员直接与消费者接触，消费者通过体验直接产生购买，为产品和服务付费。与产品消费有关的各种资源为产品与消费者的接触而高效整合，共同分享消费付出的价值。在这个过程中，营销的各个环节都不需要付出额外的成本，却可以共享最终的收益，这是真正的共赢模式，能够让产品迅速地扩张、销量爆发式地增长。

共享按摩椅运营商头等舱通过渠道共享模式、消费自助模式，将按摩椅打造成一台台自我交易型机器。按摩椅是一个高体验的针对高端流动人群的产品，通常布置在购物中心、机场等人流密集的地区，人员的维护成本和场地租赁成本很高。自助模式完全跨越了时间与空间的限制，将运营成本降到了极致。厂家只需要将产品放置到任何需要有座椅的地方（比如酒店房间等），就能够为相应的场地带来按摩体验的增值价值，消费者有体验需求只需要扫描二维码，根据自己的消费时间完成支付，便可以完美地享受到产品的按摩服务。场地和按摩椅厂家都能够分享消费体验带来的收益。在这里，产品成本成为唯一的营销成本，却将产品覆盖到了消费者的身边，达到了消费价值和营销价值的最大化。

美丽橙长（深圳）物联技术有限公司开发出最新一代智能果汁机，运用人工智能技术为消费者提供新鲜果汁，改变了鲜榨橙汁的消费模式。企业采取自愿共享的加盟模式，迅速地辐射到各种终端。加盟美丽橙长，不需要加盟费用，不需要购买产品，只需要提供一个放置机器的场地，果汁机自动完成所有销售行为，而企业和加盟商则共同分享果汁销售的收益。这无疑是对传统经销模式的重大挑战，将经销与加盟的门槛降到最低，扩展了市场的无限可能。整个渠道链条的成本几乎为零，只要有消费，就能有收益。

用内容与自媒体重构顾客关系

在自媒体时代，消费者的信息主要来源，一是信息搜索，一是信息分享。这个时候，任何消费者不喜欢、不欢迎的信息都会被屏蔽，设置进入黑名单。要让消费者能够主动分享与传播产品消费感受和品牌信息，要让消费者与品牌保持持续的互动和联系，品牌运营方需要不断为消费者创造其乐意互动、传播、关注的信息内容，这些内容必须是非常有趣且符合消费者的价值观的。品牌作为信息源，就不能让消费者感受到广告的意味，而是要通过艺术化、趣味化、娱乐化的手段真正影响到消费者的内心感受，让内容都成为"表情包""流行故事"，就能被无穷地转发。并通过持续的活动创意，让消费者高频度地参与到品牌的日常运营中来，成为品牌的推动者。

小米是完全依靠互联网营销思维，构建用户社群生态而成长发展起来的品牌。小米开创了"橙色星期五""红色星期二""爆米花""小米开放日"等众多活动，让消费者深度参与到小米的产品研发、营销推广、用户服务的全营销周期中来。

"橙色星期五"是小米的互联网开发模式。核心是产品开发团队在论坛和用户互动，除了工程代码编写部分，其他产品需求、测试和发布，都开放给用户参与；基于论坛收集客户需求，固定每周五更新；设立扩散口碑分享机制。

"红色星期二"是小米的电商销售模式。核心是让产品自身成为拉流量的广告商品，小米每周二中午12点开展开放购买活动，用户在线预约购买资格，再参与周二抢购。这种"活动产品化"模式，使得原本单项的购买行为变成了很有参与感、交互性的活动，把活动当作产品来设计和运营，并实施持续优化。

重构竞争系统

品牌竞争的"内政与外交"

《大秦帝国》演绎的战国七雄竞争史，从始至终贯穿着两条线的斗争。一是以商鞅、李悝为代表的内政派，他们通过维新变法、内部改革，提升国家竞争能力；一是以苏秦、张仪为代表的外交派，他们合纵连横，通过周旋于列国之间、平衡各国之间关系和利益提升国家竞争能力。也就是说，竞争力的提升可以通过自身实力来完成，也可以通过构建生态系统来完成。

对于品牌的竞争能力，业界一直聚焦于内部竞争力。关于品牌竞争力的分析与描述，通常都是从行业结构、产业趋势、消费特点和自身资源状况出发，寻找品牌在生产、质量、技术、服务、渠道、研发、传播、人才、管理等内部管控要素方面的优势与弱势，从而找到企业的关键竞争要素，形成竞争力，建立竞争壁垒。

海尔从服务入手，在家电业中成功以服务为核心构筑起品牌竞争力；华为以人才及其带来的技术研发为核心竞争能力；美的形成了强大的渠道竞争力；老干妈则无疑占据了产品竞争力。

以内部资源为基础的竞争能力必然形成对资源的争夺，在与同行及上下游关系上表现出的是战争形态，抢占领土，提升利润，扩充财富。这是一种单向竞争，是一种你死我活、难以共赢的竞争格局。每一个品牌都在行业领域内寻找自身的优势资源，构建自身的竞争要素，不同的品牌就会形成不同的竞争能力和竞争壁垒，从而维持相对平衡的竞争格局。

当华为进入手机市场，微信介入即时通信，阿里杀入支付领域，所有的企业突然发现，今天的市场不再是行业内封闭的竞争市场，不是将眼光盯住行业内的同行并占据优势地位就能获取到稳固的竞争能力。产业的边界被打开，疆土变得无限广阔，跨界入侵无所不在。

面对陌生的异业入侵者，"兄弟阋于墙，外御其侮"，产业内的竞争者们面临着共同的敌人，他们自身的竞争能力已经不足以应付新的挑战和竞争，他们需要在产业内"合纵连横"，打造产业生态系统，促成各方的互利互惠、共享共赢。

以前的技术资源、消费资源、人才资源是完全独享和专属的，而这些资源在生态概念下可以重构重组，在相互依赖的产业体系中通过构建平台统一起来，不同的品牌通过对这些资源的共用，创造出 1+1＞2 的商业价值，形成新的循环推进的资源系统（见图 4-9）。当全部的装修工程师被集中到一个平台，就能在全市场范围内实现客户共享和装修资源的科学分配。滴滴专车将使用率不高的私家车有效整合，在一个平台上实现供需间的对接，形成了一个潜力巨大的共享汽车市场。目前散落在各个市场、各个品牌企业的服务资源、技术资源、专家资源以及高校的项目资源等，只要有有效的手段和平台加以整合，就能再生出巨大的商业价值。

图 4-9 竞争重构逻辑

当一个品牌生态系统形成后，品牌间的竞争将不再是你死我活的生死博弈，而是共存共荣的利益联合体，共同从外部市场获取收益。

用合作理念重构竞争资源

在以内部资源为核心竞争力的观念下，企业需要花费大量投入和精力垄断核心资源，因为占有资源就是占有竞争力。比如农业行业几年前盛行全产业链，为了确保产品的最终品质，企业需要高度介入产业链的各个环节，如此便形成了大量农业企业从种子开始，到终端店面建设的全产业体系。当每个企业都拥有了从原材料到终端品的全链管理，很多企业便进入了不堪重负的恶性循环，也造成了社会资源的巨大浪费，违背了规模经济、专业分工的基本社会规则。

生态理念下的竞争观，强调资源的重构和重组，而不是占有。各个企业、各个品牌根据自身发展和竞争的需要，在产业内外体系中组合资源、利用这些资源是在互利基础上实现共赢，而不需要拥有所有权。当每个人都需要占有一套房子时，房子的稀缺性会带来房价的无限高涨；当全社会引导消费者投入公共租赁住房时，公共租赁住房就成为一个共享资源，不断在消费换代升级中循环，这种使用权的认可和所有权关注度的降低，就能够营造出房地产市场的良性生态。

要实现资源重构，就要求我们的企业除了把精力放在打造自己的价值优势上，还要具有管理外部资源的能力。当外部资源在共用中确立合理的利益分配机制后，企业管理的资源越多，就能够得到越多的利润来源。苹果手机拥有的是一个手机产品，而苹果品牌的重要利润来源于以手机终端为载体的平台服务，苹果是最大的在线音乐商、最大的在线软件商、最大的在线阅读公司。苹果通过整合音乐、软件、阅读的制造端，在苹果手机终端平台上实现利益共享，获取分成收益。如果苹果自身推进音乐与软件的开发，需要聘用成千上万的工程师，高昂的成本将使企业盈利遥不可及；当苹果运用资源整合思维时，它可以让全世界所有有意愿的音乐与软件开发师都集中在这个平台上，实现产销自由对接，从而形成巨大的平台规模效益。

供给与需求永远存在非对称性，一方面是大量的供给资源过剩，使用效益不充分，另一方面则是大量的需求未被满足。资源重构在增量向存量转移的市场环境中，规避了消费资源有限的弊端，越来越多的竞争者不再需要在一个固定的"蛋糕"上残酷地抢夺，而是开辟了一片新天地，共同把"蛋糕"做大，分配一个更大的"蛋糕"，这样所有的参与者利益都不会受到损害，却可以得到额外的收益。就如同战国七雄的争夺战中，不断地出现你中有我、我中有你的局面，发展也是一荣俱荣、一损俱损。

资源的重构并不是创造资源，因此不受资源稀缺的限制。由于重构的方式多种多样，创意手段无穷无尽，因此它的商机无限，生命力异常强大，可以创造出无数的机会和增长潜力。当企业间成为一个整体，内部竞争被弱化，企业有更多的资源投入到市场的开发中，无疑为企业带来了双重价值。

按照传统模式，房地产开发商要承担项目开发、资金、土地、当地关系等所有活动环节和资源能力。然而，万科在开发二三线城市市场时，通过"小股操盘"模式把当地房地产开发商变成了合作伙伴。

万科在项目中只占很小的股份，它把自己的边界划定为只做项目开发，而把资金、土地、当地关系划定给当地开发商，双方优势互补、通力合作。万科依靠股权、项目管理费、项目超额利润分配获得收入。

通过转变竞争对手为合作伙伴，万科实现了轻资产投入，并与各地的中小地产商实现了利益共赢。

用生态理念重构竞争能力

无论六国如何网罗人才，无论四公子如何礼贤下士，最终均未能挽救各国被秦国吞并的命运。也就是说，外部生态竞争力与内部核心竞争力只有最有效地融合才能建立起最大的竞争优势。

小米手机并没有自己的核心资源，无论是企业还是品牌都没有专业的认知、经验的累积、技术的优势和研发的实力。小米手机就是凭借对现有模块和手机操作系统的整合、对现有年轻消费群体的整合，以及对用户需求的深入理解、对自娱性消费群心态的准确把握，重构了手机消费产业链和供应产业链，从而构筑了一个手机营销生态圈，并在短时期内取得了巨大的成功，对行业带来了巨大的影响。

小米通过这个生态链条，重构与整合了手机产业链的研发、生产、物流、销售等各个环节，虽然小米暂时还缺乏独有的研发与技术优势，未能建立起自身的坚不可摧的核心壁垒，并且在与华为等技术品牌的竞争中处于明显的弱势，但这种生态竞争力在技术融合、产业融合、跨界融合方面也很难被模仿和跟进。

因此，从内部资源的管控形成核心竞争力永远是企业持久发展的根本，但由于技术迭代加快、产业结构变化频发、跨界竞争众多，通过对产业链的深入洞察和对环境的深度把握，及时利用生态体系的资源整合和重构获取生态优势，也是未来企业和品牌竞争需要掌握的基本方法。

时空电动汽车有限公司是一家拥有电池核心技术的公司，为了解决B2B销售的难题和获得飞速发展。时空创立了一个以电池技术为支点，以互联网运营思维和科技型资本为杠杆，以产品租赁平台、互联网金融平台和社交平台为体系，整合电动汽车全产业链的集团公司。

时空以大批量采购的模式和下游电动汽车生产厂开展合作，承接电动汽车的研发和设计，从而用自己的电池核心产品从源头上控制了汽车的生产；时空用租赁模式向物流和客运客户低成本出租电动车，解决了汽车销售难题，又获得了大量押金和租金现金流；时空作为买断电动车的用户，还可以获得国家和政府的补贴资金。

通过整合，一个电池生产厂盘活了整个产业链。

重构组织体系

组织为企业价值创造服务，解决企业间人的关系，不同的价值导向、不同人的思想构成不同的组织结构。组织是动态的，因企业战略和经营模式而变化，组织需要服从目标，也要适应环境。组织因环境而生，因环境而变。

企业在不同的发展阶段呈现出不同的组织结构，但都遵循着一些基本的规律，如图4-10所示。

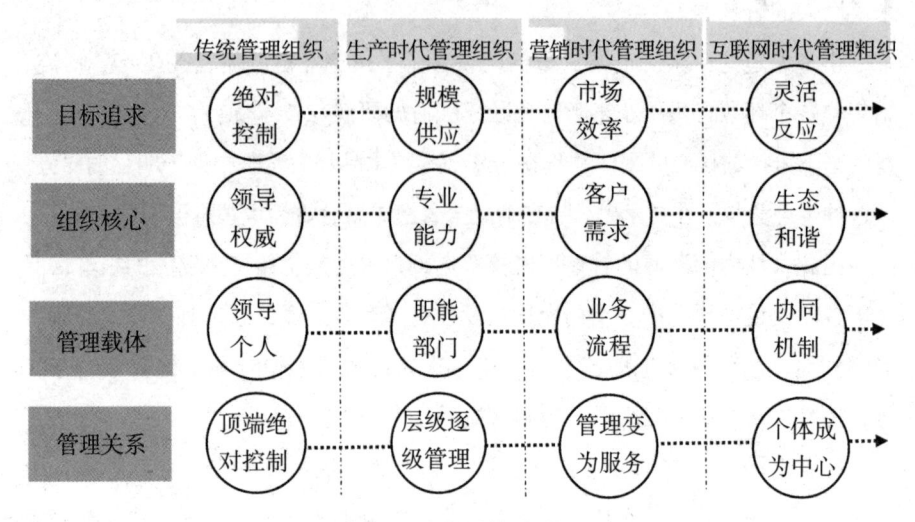

	传统管理组织	生产时代管理组织	营销时代管理组织	互联网时代管理组织
目标追求	绝对控制	规模供应	市场效率	灵活反应
组织核心	领导权威	专业能力	客户需求	生态和谐
管理载体	领导个人	职能部门	业务流程	协同机制
管理关系	顶端绝对控制	层级逐级管理	管理变为服务	个体成为中心

图4-10　组织发展变革逻辑

1. 遵循控制→管理→服务的管理走向。

在上下级的权利关系中，最初的组织结构强调上对下的权力控制，随后变为上对下的专业管理，在营销时代以顾客为中心的组织战略下，演变为上级服务下级、全员服务客户的管理模式。

2. 遵循顶层→部门→员工的主体走向。

在推动管理运行、业务实施的过程中，最初的组织结构以公司最顶层（即最高领导者）为主体，随后变为以各专业部门为主体。随着互联网时代的到来，整个社会逐渐变为产销合一，生产者也是消费者，消费者也是生产者，每一个岗位、每一个员工成为管理推动的主体。

3. 遵循点→线→面的立体发展走向。

在组织的结构体系中，最初的组织结构强调点，即最高领导者这个中心点；随后发展为职能管理，属于单向的线性管理，为了管理的需要出现过矩阵式管理，但仍然属于线性管理的范畴；到今天，企业的组织结构成为一个网，我中有你，你中有我，共同以流程为基础，协同作战。

在互联网公司的代表性企业中，谷歌公司是典型的层级＋网状结构的结合体，整体层级鲜明，但在部门及岗位中，纵横交错，有明显的个人主体思想。Facebook 则是典型的网状组织结构，彻底的去中心化，已经没有明显的上下级关系，各种岗位交叉互助，共同构成一个整体，体现了"快速行动，打破常规"的管理思想。

组织结构在实际应用中并不是完全对应时代的发展阶段，因为同一种组织结构，也可能出现不同的管理文化、管理思想和管理模式。由于组织结构决定了企业的管理效率和权利分配，也往往成为企业发展的阻碍。今天的市场生态变化快，迭代快，适应市场、快速反应是一切组织的基本需求，官僚式管理越来越不适应今天的企业环境。随着"人单合一""创客组织"这些新型组织结构的出现，我们发现，无论你的组织结构如何，面对未来复杂多变的市场生态和互联网为基础的管理手段，你的组织必须要向三个方面转变。

第一，强调客户。任何品牌的最终目标都是拥有消费者，客户是一切企业组织的基础，保持客户的稳定和对客户动态的把握是未来一切品牌竞争的焦点。强调客户就是要求组织结构必须以客户为重，以最高效率满足和解决客户需求为唯一目标。

企业必须要拥有客户的资料和信息，实施对客户客消费周期的全过程管理。在传统的代理经销模式中，企业没有终端管理权，也没有客户的直接经营权，造成了企业内部和消费终端的脱节。新的客户管理软件和大数据平台能够实现企业对客户的管理，但需要企业采取措施解决阻碍消费信息回馈与管理通道的结构障碍。

企业必须要有高效反馈顾客诉求的流程体系，快速响应市场需求。层次过多的组织结构、官僚的管理作风、漫长的审批流程都不利于以客户为中心的管理思想的形成。新的信息技术和发达的交通物流体系已经缩短了整个时空的距离，企业并不需要通过层层传递来实现对市场的覆盖。结构扁平化是大势所趋，不仅是企业内部管理结构的扁平化，也包含企业渠道组织结构的扁平化。

第二，强调协同。矩阵式组织结构是最早的协同性组织探索，但基本限定在双向的框架内。协同能产生层级管理无法实现的高效率。在协同组织中，企业整体被分解为一个一个的细胞,直到分解到基层每一个员工。在这里,每一个人、每一个岗位、每一个部门、每一个子公司都是一个细胞,都是任务的发起者和解决者。每一项任务并不需要通过漫长的层级审批和工作分配来实施和执行,而是由发起者依据规范的业务流程和明细的岗位职责,在细胞间自由地分工联络、合作执行,推动一项一项任务的解决。协同性细胞组织高度重视每一个人的能力和自主性,强调个人推动工作、承担责任的重要性。如果各个细胞都能自我发展,自我裂变,细胞间又能高效配合,互换能量,则整个组织体必然永远充满活力,并健康地生长和繁衍。

　　第三,强调赋能。传统组织结构强调顶层个人决策和控制,就是基于个人能力在组织中的重要性。随着整体个人水平的提高和个体的能力被重视,尤其是在流程型组织和细胞型组织中,个体得到前所未有的尊重。然而越到下层,个体的能力局限越强,解决问题的能力越弱。因此,我们既要推动个体为中心的管理模式以确保高效率和应对复杂管理的风险,又要确保每一个个体能够正确且高效地解决问题。

　　这需要充分的组织赋能。当管理型组织走向服务型组织、走向细胞化组织,管理层的主要职责就是为下级赋能。通过专家体系、培训体系、集中决策体系等多种形式为各层组织提供专业的指导、系统的工具和先进的思想,不断提升下属组织解决问题的能力。正如华为总裁任正非所说:要让听见炮声的人呼唤炮火,让听见炮声的人来实施决策。前线打仗,后方赋能,这才是华为"铁三角"组织结构的精髓。

PART4
共生数字时代之"态"

第十二章　品牌升级法则九：立态——标签的意义

> 未来的商业生态圈，是流量入口的争夺。入口是未来达成品牌与消费者和社会连接的核心资源，而标签则是占据入口之后笼络人心、获取认同、占据心智的武器，拥有独一无二的认知标签，品牌就拥有了掌控一切的力量。

熊猫是代表中国的标签，功夫也是代表中国的标签。好莱坞梦工厂电影制作公司用西方的制作理念和创意能力，打造的《功夫熊猫》震动了世界。2008年和2011年，《功夫熊猫1》和《功夫熊猫2》坐拥13亿美元的票房，《功夫熊猫3》在2016年1月29日全国上映，3小时内获得4245万元的票房，远超《星球大战7》。

《功夫熊猫》的成功在于精准地找到了一个中西方文化融合的入口，实现了集体主义与英雄主义、侠义思想与娱乐主义的结合。电影高度融合了中国文化中深入骨髓的元素——水墨山水、庙会、面条、功夫、针灸、爆竹、杂耍、书法、青砖白瓦、店小二，等等，并再现了中国人特有的"禅"式自我领悟，从而引起了13亿中国消费者的共鸣。

在这个时空界限被打破的世界市场中，产销的旧有格局被颠覆，信息的生产与消费成为一个巨大的网状格局，信息的垄断和控制越来越难，个人的自由度和空间越来越大。今天的品牌与消费者发生关系的时空被无限延展，这为品牌的成长与发展提供了更多的机会，却也让品牌在消费生态系统中独树一帜变得更加困难。

要拥有消费者的喜爱，要获得消费者的追随，品牌的标签化至关重要。标签是品牌在庞大而复杂的消费生态系统中的识别符号,是捕获消费者情感共鸣的精神载体,是一个品牌能够立足的基本特质,只有标签能让品牌独一无二。

找到消费生态的入口

品牌的流量正在成为移动购物生态下竞争的焦点,流量的竞争也将成为互联网生态构建的基石。流量问题的核心是解决连接,在互联网商业生态中,没有连接就没有任何机会,一个无法跟消费者发生关系和对话的品牌也无法让消费者产生兴趣和实现购买。连接可以是人与商品的连接,也可以是人与人的连接,可以是人与场景的连接,也可以是人与信息的连接。获取连接的关键,或者说连接效果的强弱取决于连接入口的选取,只要找到并占据最有价值、最有效率、最容易突破的入口,就能够在引流上建立起品牌的竞争壁垒,也能够为企业品牌策略的推进确定一个出口,能够为品牌与消费者的关系构建建立起一个通道。

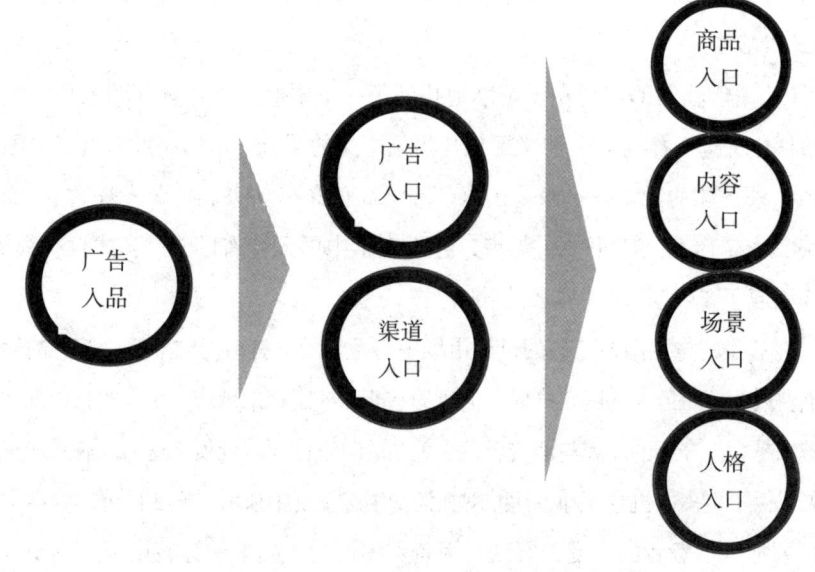

图 4-11 消费生态入口演变图

消费生态的入口随着互联网技术的发展越来越复杂（见图4-11）。在互联网技术兴起之前，广告和商品展示的空间是唯一的消费连接入口，消费者只有在广告的影响下、在接触到商品或者消费商品的过程中，才能够建立起对品牌的认同。这个期间，品牌选择的入口都围绕产品和广告展开，比如依靠产品功能来吸引流量、依靠免费使用和强力促销来吸引流量、依靠低价格来吸引流量，等等。在传统的线下体系，商圈是流量的主要来源，哪里有商圈，哪里就有人，至于具体的产品消费数量，则取决于品牌在商圈中的综合表现和销售展示。

随着移动互联网的兴起，全民都在玩微信、玩微博，消费者将更多的时间转移到了线上，交流、购物、出行、理财等很多需求都在互联网上得以实现，传统的商圈在互联网上打破了地域的限制，构成了一个数以亿计的人集中的网络商圈，这时候的入口不再局限于产品和广告，也不再局限于店面。同时，围绕产品本身的打折、免费、烧钱的引流模式成本越来越高，效果越来越差，大量的企业陷入沉沦和焦虑之中。

首先，商品自身成为入口。在互联网和移动支付技术的推动下，产品自身就能够完成交互功能。扫码支付的按摩设备、自助的健身房、智能化的果汁机、办公室的自动货架、社区的无人便利店等，消费者完成消费的整个过程唯一接触的就是产品，产品与消费者之间自动交互、自动交易、自动交流。

其次，内容引流功能强劲。自媒体的迅速崛起，掀起了内容入口的新商机。阿里巴巴从2016年开始，在电商中内容导流的比重在明显加大；58同城的主要流量来源已经集中到内容；大众点评2017年的新方向就是从交易平台、营销平台向内容平台转变；新零售体系将线上平台与线下体验品牌加以整合。内容入口一是体现在附着在产品包装上的内容，二是在自媒体与互联网上独立的内容创造。

再次，场景入口正在风头。如同《即将到来的场景时代》一书中所言：移动互联网时代争夺的是场景，未来竞争的核心是场景！了解场景，就站在了风口上，谁能占据场景，就能赢得未来。移动互联网和人工智能掀起了场景创新与迭变的高潮。智能家居企业争先恐后抢夺智能生活服务的场景入口；为占据居民生活消费场景入口，浦发信用卡推出"慧生活衣食住行娱"一站式服务功能。人们的出行圈、商业圈、居住圈、工作圈、休闲圈都在被数据集成起来，形成新的精细化场景。

最后，人格入口突然爆发。2017年年底最火爆的事，当属自媒体首富罗振宇和财经权威吴晓波的跨年演讲，刷爆了网络圈，引发了巨大的讨论和关注。他们凭借一张嘴发表着对时代的深刻洞见，去引发个体之间的共鸣。上千万的播放量、数亿的阅读量、数万的讨论频次，证明了这类新物种的影响力。

其实，博客大V和后期出现的网红就是人格新物种的开端，只是在跨年演讲的新模式下得到了全面的认同和普及。它让品牌运营者认识到，除了商品、内容、场景的入口，一个具有鲜明特征的人往往具有更大的流量带入力。打下罗振宇人格烙印的"得到"是罗辑思维开发的一款利用碎片时间获取知识的APP，并成为罗辑思维的主要变现产品。

人格层面的关系本身就是一种信任，由于是建立在价值观、理念认同等更高层次之上，人格的连接比商品和内容的连接会更紧密、更持久、更稳定。以人为核心的人格化入口会成为未来互联网的核心流量入口之一。

商品、内容、场景与人格入口颠覆了商品入口的引流逻辑，成为一种因自媒体而兴起的品牌推广、传播和客户管理的新模式。商品、内容、场景与人格入口是通过新技术连接客户的情感与信任来销售产品；而传统的广告和商品展示入口是通过销售产品和产品消费体验来连接客户。

通过产品展示和广告入口的品牌要迅速崛起，不可忽略的核心手段就是"强广告传播"和"强促销推动"。强广告传播在于让消费者迅速地认知和记忆品牌，强促销推动在于让消费者在利益驱动下迅速行动实施消费体验。比如加多宝，依靠高频次、大媒体、持续性的广告轰炸，让所有人都产生一个认知：怕上火，喝加多宝。

商品、内容、场景与人格入口先通过解决社会与消费者关心的问题，达到社会的认同和消费者的信任，在双方充分理解的基础上推出产品，于是消费者购买就成了顺理成章的事。购买"褚橙"的消费者并没有多少人深入了解和认知橙子；购买"得到"知识的消费者也并没有多少人真正关心这些知识的价值。因此，依靠商品、内容、场景和人格的入口模式对消费者的黏性更强，价值认可度更高。

第一，由于连接消费者的纽带是解决问题和彼此已经产生的信任，所以消费者对产品的价值认可度和接受度比较高，从而规避了传统商品入口中"货比三家"的价格思维。

第二，商品、内容、场景和人格入口的塑造依赖内容的运营，能解决消费者关心的和感兴趣的问题，并能够产生互动、交流和沟通，这就会形成很高的消费者退出壁垒，媒体处于品牌的可控范畴之内，从而规避了对传统媒体的依赖。

未来的商业生态圈，是流量入口的争夺，就如同土地之于房地产，入口是未来达成品牌与消费者和社会连接的核心资源。而商品入口、内容入口、场景入口、人格入口相辅相成、科学合理的组合应用，将共同构筑起未来品牌与消费者和社会连接的桥梁，也唯有多元化地吸引入口流量，才能在未来布局中占领先机。

建立独一无二的心智标签

在信息化社会中，标签是对一个社会事件、生活现象或目标对象特征的概念化提炼，并成为独特群体间的共性认同。标签有可能"上纲上线"成一种思想理念的高度，也可能普遍呈现为一种基本的利益特征，它唯一的目的就是成为群体间一种共同的认知准则，从而建立连接。

标签被普遍应用在自媒体产生后的信息类别处理中。我们在新浪博客中发一篇文章需要注明五个标签，以方便读者搜索；今日头条信息推荐功能的基础就是用户标签的建模，通过用户标签去建立内容标签。

对于品牌，标签的连接一旦成立，就可以转化为商业利益。如果说流量是争夺消费阵地的突破口，那标签就是抢占消费阵地的制高点。

标签与定位有异曲同工之处，但也有明显的实质差异。定位是品牌在消费者心智中占有的一个位置，通常是品类界定与价值差异化的结合，告诉消费者品牌是干什么的，在竞争格局中为什么值得被选择。比如中国最大的搜索引擎、高端厨卫的领导品牌、最正宗的可乐、最安全的汽车，等等。

标签也是品牌在消费者心智中的一个占位，但它是消费者辨别与评价的一个标准，它拥有鲜明的形象和明确的判定规则，带有很强的人格烙印和思想内涵。可以说，标签是品牌人格化的直接体现，是品牌的价值观、态度、格调以及一切与其他品牌形成显著区别的元素的总和。

标签是追求简洁的人性需求。人天生就喜欢简洁的东西，但社会却是越来越复杂，我们的任何变革创新都是为了让复杂变得简单，但却往往事与愿违。因此简洁成为一种追求、一种梦想，而标签就是让认知简洁化。苹果公司建立零售连锁店的理念标签是"丰富生活"，因此它选择了繁华的购物中心，提供完美的顾客体验，创立了负责维修的"天才吧"。

无论消费者选择什么，他们都是根据脑海里留下的那些清晰或模糊的印象决定，而品牌的标签就是这个印象的直接代表，品牌就是盛放消费者对企业、产品印象标签的容器。

品牌的标签通常是企业规划出来并通过企业的营销与传播活动让用户接受，同理，用户是通过品牌企业的理念灌输、产品体验、形象感受、人员行为等全方位信息来认知品牌，并形成头脑中的标签识别。二者信息对应，则标签成立；二者信息不对称，则品牌传递的标签可能被消费者过滤，形成另外的标签，企业的品牌行为失效，如图4-12所示。

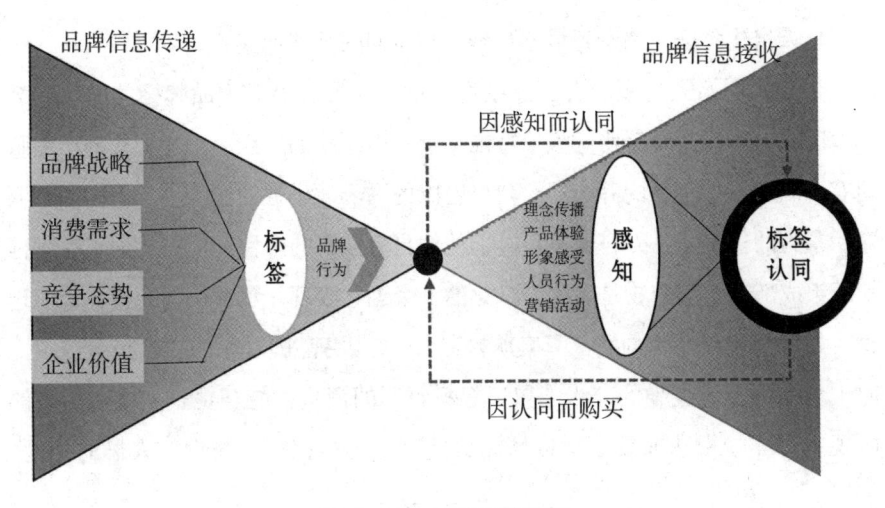

图 4-12　品牌标签逻辑

品牌标签是企业根据产业趋势、消费需求、竞争表现和企业自身特点确定出来，并通过营销行为实践被消费者认同的品牌核心特征，因此品牌标签是独一无二的，是品牌的基因。既然品牌标签是在庞大、复杂、变动的信息中经过不断的过滤沉淀而来，最终形成的结果又是简洁易懂的，因此这也决定了品牌标签的多元化。

品牌标签既可以是消费者认可的一种价值，可以是企业的某种代表性行为，也可以是品牌体现出的人格化特征（见图4-13）。最终形成的结果就是一个简单的词、一句描述的话。这个词、这句话，如果能够得到消费者的普遍认知，才成为标签。

人格特征
我是**唯一**
值得信任和尊重的**伙伴**

消费价值
我是**利益**
能最好地解决你的问题

品牌行为
我是**故事**
被广泛传播的**正能量**

图 4-13　品牌标签内涵

1. 人格化特征是消费者最容易辨识和认同的品牌标签。

企业的创始人、领导者、形象物、代言人最容易成为品牌标签的认知载体，因为人本身具有鲜明的人格特征，让一个冰冷的组织、一个物质的产品瞬间有了温度，如苹果的乔布斯、阿里巴巴的马云、乐视的贾跃亭、格力的董明珠、华为的任正非、万科的王石等，他们自身独有的个性和优势成为了品牌标签的组成部分；形象物是品牌人格化的一个创意表现，承载品牌的核心价值理念，如三只松鼠品牌的"三只卖萌松鼠"，麦当劳品牌欢乐的"麦当劳叔叔"，迪士尼品牌充满童趣的"米老鼠"等；鲜明的消费群特征也是人格化标签的体现，比如哈根达斯就是小资情调的标签，奔驰就是有身份感人群的标签，等等。

案例：维珍品牌的人格标签

维珍（Virgin）是世界上少有的多元化成功品牌之一，从一间电话亭大小的办公室起家，跨越服装、航空、软饮料、电脑游戏、电信运营、金融服务、唱片甚至包括安全套等各行各业。

维珍品牌能够多元化的根本原因是其高度聚焦且稳定的品牌个性，通过创始人理查德·布兰森的个人性格展现、理念传播、行为艺术、事件营销塑造出"反叛、独立、自由"的人格化标签。

理查德·布兰森是一个全英国最抢镜头的"嬉皮资本家"，他会搞出一些稀奇古怪的闹剧（像是在百老汇大街上开战场），会冒着生命危险进行一些胆大的极限运动（比如乘着热气球环球飞行），特别喜欢与平民百姓保持亲密接触。

如果你是一个追求创新、自由、时尚和挑战传统的人，你就会喜欢维珍这个品牌。你会选择一张"维珍唱片"，选择一瓶"维珍伏特加"酒和"维珍可乐"饮料，选择一条"维珍牛仔"，这些产品都能让你品味到时尚、创新和情趣，让你进入到理查德·布兰森的生活梦想中。

维珍航空挑战了航空业的惯常逻辑，它取消了飞机上的头等舱，把以前用于头等舱的投资全部用于商务舱，安装了大规格的睡椅，将商务舱改造得非常舒服，甚至超过了其他航空公司商务舱的标准。

维珍的品牌目标是"我们是行业第二位"，不断以挑战的精神去挑战行业的领导者。

维珍非常不满可口可乐与百事可乐在饮料业的霸主地位，所以推出维珍可乐，迅速占到欧洲市场20%的份额。

维珍移动，向全球最不开放的电信行业开刀。维珍甚至还设立了一种公益彩券，和英国官方的国家乐透彩票打对台。

维珍的服务品质、价值创新、富有情趣和充满挑战的品牌标签已深入消费者心坎，消费者认定的是维珍品牌总能给自己提供创新的产品和超值的服务。无论它延伸到哪个行业，消费者都能从延伸的产品中体验到其一贯的创新、有趣、反传统和物有所值的品牌美感和消费满足。

2. 消费价值是通过品牌利益的差异化和领先性建立起来的品牌标签。

消费价值标签与企业的核心价值一致，是品牌在消费者心智中建立起来的选择品牌的最大理由。鉴于消费心智拒绝混乱、拒绝模糊、拒绝改变、拒绝复杂的特性，品牌在众多的优势和信息传递中要形成价值标签，需要聚焦资源，集中一点，价值越多，越不易记忆。海尔品牌的价值标签是"服务"，格力品牌的价值标签是"技术"，沃尔沃品牌的价值标签是"安全"，舒肤佳品牌的价值标签是"除菌"，海飞丝品牌的价值标签是"去屑"，湖南卫视品牌的价值标签是"娱乐"。品牌标签归结到了一个特征，并不代表品牌的其他特性不好，而是品牌在竞争生态中建立起来的最大的一个价值点。这个点需要符合消费者的基本需求、符合行业的发展趋势、符合竞争优势的建立、符合企业核心资源的支撑。

案例：依山依林打造"生态"的价值标签

中国养殖行业在追求规模化、解决市场需求的同时，一直饱受"食品安全"的困扰，行业标准不完善，市场鱼龙混杂，参与主体品牌意识低。随着人们消费水平的提升和对健康品质的关注，鸡蛋产品掀起了品牌化的风潮。

河南柳江集团引领市场趋势和消费需求，推出"生态牧养蛋"，树立环保、生态、健康养殖的企业理念，打造"生态蛋品"的品牌标签。让生态成为品质、档次的判定标准，构筑起整套价值体系。

生态的品牌名称——依山依林。这是目前蛋品行业最有文化和内涵的名称，充分体现出消费者在烦躁的城市生活中，面临种种的食品安全问题，向往回归自然、回归健康生活方式的内心渴望。

生态的养殖模式——独创别墅式生态牧养模式。按照柳江董事长的话来说，农业行业，贫穷就是生产力。柳江选择自然环境最好、地域最偏僻、远离工业和污染的大山，采取林中别墅式生态养殖，每只鸡拥有6平方米的生活空间，自由成长，自由生活。

生态的品牌背书——优越的养殖环境、独创的养殖模式、对动物福利标准的遵从与践行，使依山依林鸡蛋成为率先通过欧盟有机、中国有机双认证的鸡蛋品牌。

生态的销售模式——为确保蛋品新鲜，保持健康的品质，依山依林采用会员直销模式，提出鸡蛋从基地到消费者家中不超过5天的品质承诺。

从生产到营销，依山依林围绕"生态"的品牌标签构建起全产业链的生态理念，使"生态"概念深入人心，成为品质生活、高端蛋品的第一选择。

3.品牌的某些行为代表了一种价值观，宣扬了企业的理念，这种价值观和理念经过时间的沉淀就与品牌紧密地结合在一起，成为消费者和社会对品牌的基本认知，也就成为品牌的标签。

品牌行为是由具体的品牌事件构成，因而具有故事性，故事都是有温度的，故事能够渗入人的内心，感动人，并让人有身临其境之感。"工资高"是华为的标签，建立起了华为品牌在社会和人才资源体系中的巨大认知，也客观地推动了社会对其品质和技术的认可；美体小铺通过持续的环保行动、慈善行动、人权行动树立起"生态、责任"的品牌标签，得到了顾客的信任；谷歌以其开放的办公环境、自由的沟通氛围、特有的时间和项目管理模式、公平合理的激励模式和考核机制，共同形成了互联网企业鲜明的"自由、活力和创新"的品牌标签；农夫山泉凭借"喝一瓶农夫山泉，为希望工程捐一分钱"的营销活动让品牌迅速崛起，进入饮用水第一阵营，也为农夫山泉打上了"公益品牌标签"。

案例：喜茶的消费排队标签

喜茶，一个全身充满故事的品牌，发迹于二三线城市，深刻地抓住了移动互联网时代的消费心理，短短几年，成为茶饮界的王者、排队界的传说、网红界的招牌、创业界的黑马。2017年2月，喜茶入驻上海，首家门店平均每天卖出近4000杯，创造了排队6小时、每人限购3杯、黄牛250%加价买茶的行业奇观。

"排队"成为消费者津津乐道的话题，成为喜茶被提及时的最大联想点。我们无法知道这种排队是产品的诱惑力带来的反应，是饮茶消费热潮引起的市场跟随，还是饥饿营销的配套策略，或是一种人为的营销手段，总之，其结果是这种排队的现象和场面经过自媒体和大众媒体的报道、转载，成为社会的热点，成为"喜茶"品牌的一个象征，消费者想到喜茶，就想到了排队。

排队成为喜茶的品牌标签，这个标签又吸引着更多的消费者跟随消费，诱惑着更多的消费者产生尝试的欲望。无论这种现象能够持续多久，喜茶已经与排队紧密地结合在了一起。

成为和谐生态的品牌推手

实现美好生活，构建和谐社会，是人的共同追求。2004年，和谐社会成为我们国家的发展目标，要求的是形成以人为中心的和谐社会系统，包括人自身的和谐、人与人的和谐、社会各系统的和谐、人与自然的和谐、国内与国外的和谐五个方面。品牌是社会发展的核心经济力量，品牌文化是社会文化的重要组成部分，要推动和谐社会的进步，必须构建以和谐为理念基础的品牌文化。

品牌的发展已经从品牌形象、品牌资产走向品牌关系系统的构建。品牌资产已经突破传统品牌五度（知名度、知晓度、满意度、忠诚度、联想度）管理，而是整个社会的品牌支持度、品牌关系和谐度、品牌沟通力的综合能力管理。

和谐生态的品牌系统，就是围绕企业品牌的塑造、管理与运营，与品牌的内外关联方构建良性互动、互尊、互进的关系（当然这并不排除合理的品牌间竞赛、争夺与对抗），为品牌的发展创造一个充满正向力量的环境，让这个生态体系中的每一个关联方都满意，都积极地支持品牌的发展，并在品牌发展与社会发展中维持动态的平衡。

2018年1月17日，在京东"2018年无界营销峰会"上，京东集团CMO徐雷表示：随着消费主权时代的到来，中国正在经历从"大众市场"向"人人市场"转变，场景无限，货物无边，人企无间——营销价值链已经没有边界。

这是一个以人为中心、以大数据为纽带构建全面市场生态圈的时代，消费者、媒体、品牌方、供应链、渠道方将实现在共享思维下的全面共赢。任何一个品牌，必须重新树立自己的品牌思想和营销理念，以确保品牌符合新生态的趋势，能够对社会充满正能量，给消费者带来真正的价值，对行业发展充满导向和引领作用，如图4-14所示。

优化生活的品牌使命 ● 引领消费的品牌价值 ● 共生共赢的品牌创造 ● 充满正能的品牌传播

图 4-14　和谐生态的品牌特征

优化生活的品牌使命

对于任何持久而伟大的公司来说,品牌使命都是其走向成功的基石。使命界定了品牌存在的缘由,确保了品牌的方向,凝聚了人心的力量,规范了所有营销的思想,也是品牌标签得以树立并扎根的源头。

确立品牌使命是品牌的基础和先导工作,一个好的、有利于市场生态的品牌使命必须建立在推动人类生活进步、改善人类生活品质、提升人类幸福感受的基础上,以让人人都过上更好的生活为自己的发展动力和本来职责。

在亨利·福特之前,汽车只是极少数富有者才能拥有的奢侈品。1910 年,福特提出福特品牌的使命:让人人都拥有一辆汽车。按照福特的说法,"我将有一个伟大的目标:建造每一辆汽车……它要很便宜,使得那些没有很高收入的人也能买得起,从而使他们能与家人一起分享上帝赐予我们的快乐时光……那时每个人都能购买,每一个人都能拥有,马车将会从公路上消失,有车将变成一件理所当然的事……为此我们要让大量的工人在更好的收入下工作。"在福特品牌使命的指引下,福特成为世界上最大的汽车品牌之一,成为工业化时代大规模生产的标杆企业。

1945 年,山姆·沃尔顿在美国的一个小镇开了一家杂货店,1962 年,启用"沃尔玛"这一名称。从 7 岁就开始卖报和送牛奶的沃尔顿,始终认为薄利多销是商业成功的不二法门。他提出沃尔玛的品牌使命是:给普通百姓提供机会,使他们能买到与富人一样的东西。为实现这一品牌使命,他提出了沃尔玛工作的三条原则,即顾客是上帝、尊重每一位员工和追求卓越。2000 年,沃尔玛成为全世界最有实力的零售商。

作为全球最大的电子商务公司，阿里巴巴的品牌使命是：促进"开放、透明、分享、责任"的新商业文明。提出在新的信息化社会下，推进新商业文明的使命感，并将"分享"作为新商业文明的核心元素，提出新商业文明必须关注生态圈、关注合作伙伴、关注共同繁荣的理念。

引领消费的品牌价值

消费是一个随着社会进步、技术创新、购买力变化而不断提升的过程，消费者在不同的消费环境下具有不同的消费需求和消费动机，满足并引领消费趋势的变革是品牌领导者的职责，也是一个品牌持久生存的核心基因。只有契合消费动机与需求的标签才能够被消费者认可和接受，物质困乏、忍饥挨饿的消费环境下，以情感与精神标签去连接消费终将是曲高和寡。

过去30年是中国品牌大发展、格局大演变的时期，那些紧跟消费趋势变革而提出针对性诉求并形成标签认知的公司获得了成功，占据了市场的领先地位；而那些没有跟随消费变化的脚步、在错误的时间提出了错误标签的品牌，因未能被消费者认可而被逐渐淘汰。我们以家电业发展为例，如图4-15所示。

时代	消费生态特征	品牌标签	成功品牌
20世纪80年代末	物质匮乏、消费疲弱	价格便宜	康佳、长虹
20世纪90年代初	消费意识提升	产品好	新飞、容声、小天鹅
20世纪90年代中	消费需求逐步升级	服务好	海尔、美的、TCL
20世纪90年代末	方便买到、功能要求更多	产品概念、方便购买	创维、美的
21世纪00年代后	市场细分、消费分类	专业、领先	格力、美的、九阳、苏泊尔
近几年	人工智能、互联网技术	智能、科技、生态	美的、海尔、小米

图4-15 家电品牌价值标签变化

今天的消费生态，是一个"85后"主导的市场，是一个互联网深入到生活每个角落的市场，是一个消费能力异常强盛的市场。物质需求已经满足，消费者正在向社会需求和价值实现需求的高层需求迈进。高铁是"速度"的标签，满足了中国快速的人流需求，迅速得以普及；阿里、京东是"网购"的标签，满足了互联网方便的购物需求，迅速成长；华为、格力是"工匠"的标签，得到了消费者高度的认可和肯定。圈层化的消费生态和个性化的消费需求，以及多元化生活方式的出现，为品牌的价值提供和标签树立提供了广阔的空间，只要品牌能够真正满足消费需求，成为健康、优质生活方式的创造者，成为社会趋势的引领者，成为先进技术的践行者，就一定能够和消费者形成紧密连接并被消费者高度认可和接受。

共生共赢的品牌创造

2017年，曾为竞争对手的线上平台商和线下实体店所开展的大联合催生了新零售的物种。腾讯携手京东，阿里联盟苏宁云商，将大量的线下便利店、超市、商场收入囊中，推进了零售行业的大规模整合。

在新的生态环境中，生产者、销售者和消费者的界限越来越模糊，每一个人都成为营销者，不同的营销角色的边界正在消失，竞争关系在共有的平台和产业链体系中更多地走向协作。整合社会的资源，从产品到营销、从组织到竞争都在进行重构，这种重构不再是你死我活，而是共生共荣。

立邦在实现从涂料供应商转型为涂装服务商的战略变革中，充分整合消费者、合作者、渠道商共同打造品牌，创造品牌故事。一是电视节目赞助，选择符合立邦企业价值观的梦想改造家，发掘社会中家庭与团体的美好愿望，与他们共同实现；二是以公益项目"为爱上色"为平台，赞助公益艺术，通过艺术与对艺术家的支持，围绕品牌创造美好的故事，发挥产品、渠道、经销商、专业油工的优势，为中国偏远地区的学童美化、修复、改善校园学习环境；三是启动"员工变成品牌因子"项目，把员工都当作品牌的因子，把他们培养成品牌的代言人，让他们为品牌说话。立邦让社会上所有的人都为立邦创造故事，打造感动人的品牌，真正实现了无边界的营销。

充满正能的品牌传播

广告大师奥格威曾说过一句经典的品牌传播名言：我们做广告是为了销售产品，否则就不是做广告；制作销售产品的广告，但也请记住，广告负有广泛的社会责任。体验经济的先驱思想家克里斯蒂安·米昆达提出：经济、文化和生活品位方面的策划产生的道德净化力量能使人的情感受到强烈震撼。这些都说明，任何品牌传播活动都需要遵守三个原则：品牌维护、销售导向、责任意识。

品牌传播的基础是吸引眼球，但最能吸引眼球、引起关注的内容通常不具有健康导向，因为人们最容易感兴趣的内容是时政新闻、社会乱象、明星绯闻等哗众取宠的东西。随着自媒体的兴起，每个人都成为信息的制造者、品牌的传播者，要在有限的渠道内去争夺自己的受众眼球，信息传播者在利益诱惑下容易剑走偏锋。

品牌传播是社会舆论导向的重要内容，富有正面引导社会生活的神圣使命。我们所有人都熟悉长虹那句"以民族昌盛为己任"、蒙牛的"强壮中国人"；统一润滑油的"多一点润滑，少一点摩擦"、邦迪的"没有无法抹平的创伤"、褚橙的"人生总有起落，精神终可传承"。这些语言都紧扣时代主题，启迪着人文思想，引导着社会走向。

中国梦是整个中华民族正在努力创造的伟大理想，洋河酒业抓住市场趋势，将品牌文化诉求从"蓝色经典，男人的情怀"升级到"中国梦·梦之蓝"，是一种由"男人情怀"个人成就向"家国天下"社会精神的转承，品牌文化赋予品牌以精神内涵，"男人的情怀"和"中国梦"是对人文精神的追求和实现。

品牌传播，要根植于消费者的内心和社会文化的土壤，激活消费者的正向情感需求，引导和传播正确的学习观、工作观、生活观、爱情观、家庭观、人文观、自然观、消费观、品质观等价值观念。用"健康的欲望"取代"无畏的贪婪"，用"休闲与放松"取代"懒惰与堕落"，用"勇气和力量"替换"愤怒和妒忌"，让"成就与快乐"替换"傲慢与抑郁"。

可口可乐顺应社会审美趋势，紧跟竞争格局变化，不断进化自己的传播语言，带动饮料消费生态的发展。1937年，提出"美国的欢乐时光"，1949年提出"沿着公司走四方"，1955年提出"就像阳光一样带来振奋"，1959年提出"可乐的欢欣人生，倡导真正的活力"，1975年提出"俯瞰美国，看我们得到什么"，1980年提出"一杯可乐，一个微笑"，1989年提出"挡不住的感觉"，1997年提出"每刻尽可乐"，2001年提出"活出真精彩"，2002年提出"激情无限，团结就是力量"，2007年提出"要爽由自己"。

在这个信息个人化的时代，信息即为内容，用户被内容吸引，聚集形成流量，品牌入口的流量越来越多地依托内容来抓取。如何在内容领域的创作中引导消费者，引导未来的生态趋势，这是一个需要所有人共同参与、高度负责、认真履职的问题。

互联网本身就是一个超级生态网，它把互联网世界中的一条条通路互相连接起来，组成四通八达的社交关系网，触角伸到现实世界中的每一个角落、每一个人。社交、娱乐、应用、推广、消费，通过海量的数据生态、丰富的内容触点以及全新的消费路径，构成了一个完整的信息链条。

移动互联网信息生态是整个市场生态和社会生态的中枢，强化品牌的内容创造，让品牌传播树立正能量标签、让品牌成为社会正向发展的推手是每一个品牌参与者的基本职责。维系市场生态的健康，构建和谐的市场环境，才能促进品牌的持久发展。